© 2024 von Maximilian Ford

Alle Rechte vorbehalten.

Kein Teil dieses Buches darf ohne vorherige schriftliche Zustimmung des Autors reproduziert, in einem Datenabfragesystem gespeichert oder in irgendeiner Form oder mit irgendwelchen Mitteln (elektronisch, mechanisch, durch Fotokopieren, Aufzeichnen oder auf andere Weise) übertragen werden, außer im Falle von kurzen Zitaten in kritischen Artikeln und Rezensionen.

Kontrollnummer der Library of Congress: 2024001 45

Herausgegeben von:

Elysium Publishing Group
1234 Enlightenment LaneSpringfield, IL 578 01

Cover Design von: Maximilian Ford

Innenarchitektur von: Maximilian Ford

Redaktion: Alexander Voss

FORTGESCHRITTENE APP-ENTWICKLUNG MIT GPT-4 UND GPT-4 MINI

Erstellen Sie intelligente KI-Chatbots und Tools

Maximilian Ford , Alexander Reed

Und Ethan Cole

EINLEITUNG ---7

WARUM GPT-4 UND GPT-4 MINI? ---8
DIE ZUKUNFT DER APP-ENTWICKLUNG ---11
EINRICHTEN IHRER ENTWICKLUNGSUMGEBUNG ---11
INSTALLIEREN UND KONFIGURIEREN VON GPT-4 UND GPT-4 MINI ---13
WICHTIGE TOOLS UND BIBLIOTHEKEN ---15
VORBEREITEN IHRES ARBEITSBEREICHS FÜR EINE EFFIZIENTE ENTWICKLUNG ---16
HÄUFIGE FEHLER ---17

ERSTELLEN SIE IHREN ERSTEN INTELLIGENTEN KI-CHATBOT MIT GPT-4 ---19

INTEGRATION VON GPT-4 MINI FÜR LEICHTE KI-TOOLS ---27

ANWENDUNGSFÄLLE FÜR GPT-4 MINI IN DER APP-ENTWICKLUNG ---29
ERSTELLEN LEICHTER KI-FUNKTIONEN MIT GPT-4 MINI ---32
HÄUFIGE FEHLER ---36

ERWEITERTE CHATBOT-FUNKTIONEN: PERSONALISIERUNG UND KONTEXTBEWUSSTSEIN ---37

CHATBOTS MIT PERSONALISIERTEN ANTWORTEN VERBESSERN ---39
ERSTELLEN KONTEXTSENSITIVER GESPRÄCHSAGENTEN ---41
UMGANG MIT LANGEN GESPRÄCHEN UND KONTEXTMANAGEMENT ---43
BEWÄHRTE VORGEHENSWEISEN ---44
HÄUFIGE FEHLER ---44

ERSTELLEN VON KI-GESTÜTZTEN TOOLS ZUR INHALTSERSTELLUNG ---45

NUTZUNG VON GPT-4 ZUR INHALTSGENERIERUNG ---46
ENTWICKELN VON TOOLS ZUM SCHREIBEN UND BEARBEITEN VON INHALTEN ---49
TOOL ZUM SCHREIBEN VON INHALTEN ---49

INTEGRATION EXTERNER APIS UND DATENQUELLEN FÜR ERWEITERTE KI-FUNKTIONALITÄT --**54**

VERBINDEN VON GPT-4 MIT APIS VON DRITTANBIETERN ----------------------55
BEST PRACTICES FÜR DIE API-INTEGRATION ------------------------------------58
VERWENDEN VON WEB SCRAPING UND DATENBANKEN IN IHREN ANWENDUNGEN
---58
ECHTZEIT-DATENVERARBEITUNG UND DYNAMISCHE REAKTIONEN ---------------62
TESTEN, DEBUGGEN UND OPTIMIEREN VON GPT-4-BASIERTEN APPS ----------65
TECHNIKEN ZUM DEBUGGEN VON KI-CHATBOTS UND TOOLS --------------------67
BEISPIEL: DEBUGGEN VON GPT-4 API-AUFRUFEN -----------------------------68
SICHERSTELLUNG VON SKALIERBARKEIT UND ZUVERLÄSSIGKEIT ------------------69
BEISPIEL: CACHING FÜR HÄUFIGE ABFRAGEN IMPLEMENTIEREN -----------------70
OPTIMIERUNG FÜR GESCHWINDIGKEIT, KOSTEN UND BENUTZERFREUNDLICHKEIT
---74

Lob für die fortgeschrittene App-Entwicklung mit GPT-4 und GPT-4 Mini: Erstellen Sie intelligente KI-Chatbots und Tools

„Ein Muss für Entwickler, die sich in der sich ständig weiterentwickelnden Landschaft KI-gestützter Anwendungen zurechtfinden müssen. Dieses Buch vereint Klarheit, Tiefe und Praxistauglichkeit auf eine Weise, die nur wenige technische Bücher erreichen."
– Martin Fowler, Autor von Refactoring and Patterns of Enterprise Application Architecture

„Dieses Buch bringt Ihnen nicht nur bei, wie Sie GPT-4 verwenden, sondern zeigt Ihnen auch, wie Sie es meistern. Ein definitiver Leitfaden für Entwickler, die zuverlässige und skalierbare KI-Tools erstellen möchten."
– Andrej Karpathy, KI-Forscher und ehemaliger KI-Direktor bei Tesla

„Eine herausragende Quelle, die technische Erkenntnisse mit umsetzbaren Strategien in Einklang bringt. Dies ist die Art von Buch, auf das sowohl Anfänger als auch erfahrene Entwickler nicht verzichten können."
– Robert C. Martin (Uncle Bob), Autor von Clean Code und The Clean Coder

„Ein umfassender Leitfaden, der sich nicht nur mit dem Erstellen mit GPT-4 befasst, sondern auch mit dem Debuggen, Optimieren und Skalieren von KI-Anwendungen – eine unverzichtbare Lektüre für moderne Entwickler."
– Sebastian Thrun, Gründer von Udacity und leitender Entwickler des Projekts für selbstfahrende Autos von Google

„Eine Goldmine an praktischem Wissen und Best Practices für die Entwicklung KI-gestützter Anwendungen. Jedes Kapitel ist voller Erkenntnisse, die komplexe Themen leicht verständlich machen."
– Jeffrey Dean, Senior Fellow bei Google Research

„Dieses Buch ist das Schweizer Taschenmesser für KI-Entwickler – ein leistungsstarkes Toolkit zum Erstellen, Optimieren und Skalieren von GPT-4-basierten Anwendungen."
– Sam Altman, CEO von OpenAI

„Eine seltene Mischung aus technischer Exzellenz und Klarheit. Dieses Buch führt Sie nicht nur durch die Erstellung von GPT-4-Apps, sondern bringt Ihnen auch bei, wie Sie diese schnell, zuverlässig und skalierbar machen."
– Joel Spolsky, Gründer von Stack Overflow und Trello

„In einer Welt, die mit KI-Ressourcen überflutet ist, sticht dieses Buch hervor. Es ist gründlich, durchdacht und äußerst praktisch – ein Muss für Entwickler, die es mit der KI-

Integration ernst meinen."
– Andrew Ng, Gründer von Coursera und DeepLearning.AI

„Klar, umsetzbar und umfassend – dieses Buch ist ein unverzichtbarer Begleiter für jeden, der mit GPT-4-Technologien arbeitet."
– Yann LeCun, leitender KI-Wissenschaftler bei Meta und Gewinner des Turing Award

„Ein unverzichtbarer Leitfaden zum Erstellen skalierbarer, zuverlässiger und effizienter KI-Anwendungen mit GPT-4. Dieses Buch setzt den Standard für KI-Entwicklungsressourcen."
– Fei-Fei Li, Professor an der Stanford University und Co-Direktor des Stanford Human-Centered AI Institute

EINFÜHRUNG

In den letzten Jahren hat sich die Landschaft der Anwendungsentwicklung durch den Aufstieg der künstlichen Intelligenz (KI) drastisch verändert. Entwickler sind nicht mehr auf traditionelle Programmiertechniken beschränkt; stattdessen haben sie Zugriff auf leistungsstarke KI-Modelle, die die Art und Weise revolutionieren können, wie Apps mit Benutzern interagieren, Daten verarbeiten und Inhalte erstellen. Zu den fortschrittlichsten Tools in diesem Bereich gehören die GPT-Modelle (Generative Pretrained Transformer), insbesondere GPT-4 und sein kleineres, agileres Gegenstück GPT-4 Mini. Diese von OpenAI entwickelten Modelle haben eine neue Ära der intelligenten App-Entwicklung eingeläutet und ermöglichen die Erstellung hochintelligenter Chatbots, Inhaltsgeneratoren und anderer KI-gestützter Tools, die das Benutzererlebnis verbessern, Aufgaben automatisieren und sogar Interaktionen personalisieren können.

Dieses Buch, *„Erweiterte App-Entwicklung mit GPT-4 und GPT-4 Mini: Erstellen Sie intelligente KI-Chatbots und -Tools"*, soll eine umfassende Anleitung zur Nutzung dieser leistungsstarken Modelle zur Entwicklung hochmoderner Anwendungen bieten. Egal, ob Sie einen anspruchsvollen Chatbot für den Kundenservice, ein KI-Tool zur Inhaltserstellung oder sogar eine App erstellen, die die umfangreichen Sprachfunktionen von GPT-4 in eine bestimmte Domäne integriert, dieses Buch führt Sie durch die wesentlichen Schritte zum Erstellen, Bereitstellen und Optimieren von KI-gestützten Apps mit GPT-4 und GPT-4 Mini.

Warum GPT-4 und GPT-4 Mini?

Die Einführung von GPT-4 und GPT-4 Mini hat die Entwicklung von KI-Apps grundlegend verändert. GPT-4, die vierte Iteration des generativen Modells von OpenAI, wurde anhand riesiger Mengen an Textdaten trainiert und ist in der Lage, menschenähnliche Sprache mit bemerkenswerter Genauigkeit zu verstehen und zu generieren. Es kann komplexe Aufgaben wie die Verarbeitung natürlicher Sprache (NLP), das Beantworten von Fragen, das Schreiben von Artikeln und sogar das Codieren ausführen. Die Fähigkeit von GPT-4, sinnvolle Gespräche zu führen und komplexe Probleme zu lösen, macht es zu einem idealen Werkzeug für die Entwicklung von Chatbots, persönlichen Assistenten und automatisierten Systemen.

GPT-4 Mini hingegen, eine kleinere Version von GPT-4, ist für Anwendungen konzipiert, die eine leichtere Lösung benötigen. Es verfügt zwar nicht über die umfassenden Funktionen von GPT-4, ist aber dennoch sehr effektiv bei der Ausführung vieler derselben Aufgaben, allerdings mit höherer Geschwindigkeit und geringeren Kosten. Dies macht GPT-4 Mini zu einer großartigen Option für Entwickler, die an mobilen Apps oder Echtzeitanwendungen arbeiten, oder für diejenigen, die die Leistung optimieren möchten, ohne Kompromisse bei der Qualität einzugehen.

Dieses Buch behandelt beide Modelle ausführlich und bietet Einblicke, wie Sie ihre einzigartigen Stärken für verschiedene Arten von Anwendungen nutzen können. Die Unterschiede zwischen GPT-4 und GPT-4 Mini werden klar umrissen, sodass Sie das beste Modell für Ihr Projekt auswählen können, unabhängig davon, ob Sie rohe Leistung oder optimierte Leistung benötigen.

Was Sie von diesem Buch erwarten können

Dieses Buch ist nicht nur als technischer Leitfaden, sondern auch als praktische Lernressource konzipiert. Jedes Kapitel befasst sich eingehend mit bestimmten Aspekten der App-Entwicklung mit GPT-4 und GPT-4 Mini und vermittelt Ihnen praktische Fähigkeiten, die Sie direkt auf Ihre eigenen Projekte anwenden können. Am Ende dieses Buches verfügen Sie über das notwendige Wissen und die erforderlichen Werkzeuge, um:

1. **Erstellen Sie intelligente KI-Chatbots** : Erfahren Sie, wie Sie intelligente Chatbots erstellen, die sinnvolle, kontextbezogene Gespräche führen können. Sie erkunden die Grundlagen des Konversationsdesigns und der Chatbot-Architektur und erfahren, wie Sie Ihre Modelle für bestimmte Anwendungsfälle optimieren.

2. **Erstellen Sie KI-Content-Tools** : Entdecken Sie, wie Sie GPT-4 in Workflows zur Inhaltserstellung integrieren. Egal, ob Sie Schreibassistenten, Inhaltsgeneratoren oder automatisierte Inhaltskuratoren erstellen, dieses Buch zeigt Ihnen, wie Sie die Leistungsfähigkeit der KI nutzen, um den Prozess der Inhaltserstellung zu optimieren.

3. **Entwickeln Sie fortschrittliche KI-Tools** : Gehen Sie über einfache Anwendungen hinaus und lernen Sie, wie Sie fortschrittliche KI-gestützte Tools erstellen, mit denen Sie reale Probleme lösen können. Diese Tools können KI-gesteuerte Analysen, Automatisierungssysteme oder sogar interaktive Lern-Apps auf Basis von GPT-4 umfassen.

4. **Leistung optimieren** : Erfahren Sie, wie Sie Ihre Anwendungen hinsichtlich Geschwindigkeit, Skalierbarkeit und Kosten optimieren. KI kann zwar rechenintensiv sein, aber dieses Buch zeigt Ihnen, wie Sie die verfügbaren Ressourcen optimal nutzen und sicherstellen,

dass Ihre Apps effizient laufen, ohne Kompromisse bei der Qualität einzugehen.

5. **Integrieren Sie GPT-4 und GPT-4 Mini mit anderen Technologien** : Erfahren Sie, wie Sie GPT-4 und GPT-4 Mini in vorhandene Technologie-Stacks integrieren, sie mit APIs verbinden, sie mit Datenbanken verwenden und Echtzeitanwendungen erstellen, die auf dynamische Weise mit Benutzern interagieren.

Für wen ist dieses Buch gedacht?

Dieses Buch richtet sich in erster Linie an Entwickler mit mittleren bis fortgeschrittenen Programmierkenntnissen, die in die Welt der KI-App-Entwicklung eintauchen möchten. Sie sollten über ein solides Verständnis von Programmierkonzepten verfügen und mit modernen Programmiersprachen wie Python, JavaScript oder ähnlichen vertraut sein. Obwohl das Buch für Entwickler aller Hintergründe zugänglich ist, sind Vorkenntnisse mit maschinellem Lernen, künstlicher Intelligenz oder natürlicher Sprachverarbeitung von Vorteil.

Egal, ob Sie ein erfahrener Entwickler sind, der KI in seine Apps integrieren möchte, oder jemand, der sich bereits mit KI beschäftigt hat, aber mehr darüber erfahren möchte, dieses Buch bietet Ihnen praktische Einblicke, die Ihr Entwicklungs-Toolkit erweitern. Für diejenigen, die mit GPT-Modellen noch nicht vertraut sind, bieten die ersten Kapitel klare, schrittweise Anleitungen für den Einstieg, sodass Sie eine solide Grundlage schaffen können, bevor Sie sich in komplexere Themen vertiefen.

Die Zukunft der App-Entwicklung

Die Welt der App-Entwicklung verändert sich rasant, und KI steht an der Spitze dieses Wandels. GPT-4 und GPT-4 Mini sind nicht nur Tools; sie sind Plattformen, die neue Möglichkeiten für die Leistungsfähigkeit von Apps eröffnen. Mit der Fähigkeit, menschliche Sprache zu verstehen, zu generieren und mit ihr zu interagieren, werden KI-gestützte Apps in Branchen von Gesundheitswesen und Finanzen bis hin zu Unterhaltung und Kundenservice immer wichtiger.

Da die Nachfrage nach KI-gesteuerten Anwendungen weiter wächst, wird die Fähigkeit, intelligente, effiziente und intelligente Systeme zu entwickeln, zu einer Schlüsselkompetenz für Entwickler. Indem Sie lernen, mit GPT-4 und GPT-4 Mini zu arbeiten, können Sie nicht nur hochmoderne Apps erstellen, sondern sich auch an die Spitze eines der aufregendsten und einflussreichsten Technologiefelder setzen.

In den folgenden Kapiteln führen wir Sie durch die wesentlichen Tools, Techniken und Best Practices für die Arbeit mit GPT-4 und GPT-4 Mini und ermöglichen Ihnen die Entwicklung von Apps, die die Grenzen des Möglichen erweitern. Egal, ob Sie einen revolutionären Chatbot, ein kreatives KI-Tool oder eine Lösung auf Unternehmensebene erstellen möchten, dieses Buch vermittelt Ihnen das Wissen und die Fähigkeiten, die Sie zum Erfolg benötigen.

Einrichten Ihrer Entwicklungsumgebung

Wenn Sie mit GPT-4 und GPT-4 Mini für die fortgeschrittene App-Entwicklung arbeiten, ist die Einrichtung einer geeigneten Entwicklungsumgebung für das Erstellen, Testen und Optimieren KI-gestützter Anwendungen von entscheidender Bedeutung. Eine gut konfigurierte Umgebung stellt nicht nur sicher, dass Ihre Anwendungen reibungslos laufen, sondern hilft Ihnen auch, Zeit zu sparen, indem sie die Integration von APIs, Bibliotheken und Abhängigkeiten vereinfacht.

In diesem Kapitel geht es um die ersten Schritte zum Einrichten Ihrer Entwicklungsumgebung. Dazu gehören die Installation und Konfiguration von GPT-4 und GPT-4 Mini, die Auswahl der erforderlichen Tools und Bibliotheken sowie die Vorbereitung Ihres Arbeitsbereichs für maximale Produktivität. Am Ende dieses Kapitels können Sie eine Entwicklungsumgebung erstellen, die sowohl effizient als auch skalierbar ist, um mithilfe dieser Modelle fortschrittliche KI-Anwendungen zu erstellen.

Wichtige Konzepte

Bevor Sie mit der Einrichtung beginnen, müssen Sie einige wichtige Konzepte und Begriffe im Zusammenhang mit GPT-4 und GPT-4 Mini verstehen:

- **GPT-4 und GPT-4 Mini** : Dies sind von OpenAI entwickelte Sprachmodelle, die verschiedene Aufgaben der natürlichen Sprachverarbeitung (NLP) wie Textgenerierung, Zusammenfassung, Übersetzung und sogar Codegenerierung ausführen können. GPT-4 ist ein größeres Modell mit umfassenderen Funktionen, während GPT-4 Mini eine leichtere Version ist, die für einen geringeren Ressourcenverbrauch optimiert ist.

- **API-Integration** : Sowohl auf GPT-4 als auch auf GPT-4 Mini wird über API-Aufrufe zugegriffen. Um mit diesen Modellen zu interagieren, müssen Entwickler API-Schlüssel einrichten, die Authentifizierung verwalten und Ratenbegrenzungen verstehen, um eine reibungslose Kommunikation mit den Servern von OpenAI zu gewährleisten.

- **Entwicklungsumgebung** : Dies bezieht sich auf die Kombination aus Software und Tools, die Entwickler zum Schreiben, Testen und Bereitstellen ihrer Anwendungen verwenden. Für die Entwicklung von GPT-4 und GPT-4 Mini umfasst diese Umgebung normalerweise Programmiersprachen (wie Python), integrierte Entwicklungsumgebungen (IDEs), Bibliotheken und Cloud-Dienste.

Installieren und Konfigurieren von GPT-4 und GPT-4 Mini

Um mit GPT-4 und GPT-4 Mini arbeiten zu können, müssen Sie zunächst die erforderliche Software und Bibliotheken installieren. Dieser Abschnitt führt Sie durch die Schritte zum Einrichten beider Modelle, wobei der Schwerpunkt auf Python liegt, der am häufigsten verwendeten Programmiersprache für die KI-Entwicklung.

1. **Erstellen Sie ein OpenAI-Konto.** Um auf GPT-4 und GPT-4 Mini zugreifen zu können, benötigen Sie ein OpenAI-Konto. Besuchen Sie die Website von OpenAI und registrieren Sie sich. Nach der Registrierung erhalten Sie Zugriff auf die OpenAI-API, die Sie zur Interaktion mit den Modellen verwenden können.

2. **API-Schlüssel erhalten** Sobald Sie angemeldet sind, navigieren Sie zum API-Bereich in Ihrem OpenAI-Dashboard, um einen API-Schlüssel zu generieren. Mit diesem Schlüssel können Sie Ihre Anfragen bei der Interaktion mit GPT-4 und GPT-4 Mini authentifizieren.

Tipp : Bewahren Sie Ihren API-Schlüssel sicher auf. Vermeiden Sie es, ihn direkt in Ihre Anwendung fest zu codieren. Speichern Sie ihn stattdessen in Umgebungsvariablen oder verwenden Sie einen sicheren Anmeldeinformationsmanager.

3. **Installieren Sie Python und Abhängigkeiten. Stellen Sie sicher, dass Python auf Ihrem Computer installiert ist. Für die GPT-4-Entwicklung wird normalerweise Python 3.7 oder höher verwendet. Wenn Python noch nicht installiert ist, laden Sie es von der** offiziellen Website **herunter und installieren Sie es** .

Sobald Python installiert ist, müssen Sie die erforderlichen Bibliotheken einrichten. Die Hauptbibliothek für die Interaktion mit GPT-4 und GPT-4 Mini ist openai. Sie können es mit pip (dem Paketmanager von Python) installieren:

```bash
pip install openai
```

Additionally, for some applications, you may need libraries like `requests` for API calls, `dotenv` for environment variables, and `json` for handling data responses. Install these libraries with the following commands:

```bash
pip install requests python-dotenv
```

4. **Konfigurieren Sie die Umgebung** Richten Sie Ihre Umgebung so ein, dass Ihr API-Schlüssel sicher gespeichert wird. Dies können Sie tun, indem Sie in Ihrem Projektverzeichnis eine .env-Datei erstellen, die Ihren API-Schlüssel als Umgebungsvariable enthält.

Hier ist ein Beispiel:

.env :

```makefile
OPENAI_API_KEY=your-api-key-here
```

You can then use the `dotenv` library to load the API key into your Python script se

```python
from dotenv import load_dotenv
import openai
import os

load_dotenv()  # Load environment variables from .env file
openai.api_key = os.getenv("OPENAI_API_KEY")
```

1. **Best Practice** : Übergeben Sie Ihre .env-Datei niemals der Versionskontrolle (z. B. GitHub). Verwenden Sie stattdessen eine .gitignore-Datei, um sicherzustellen, dass sie ausgeschlossen ist.

Wichtige Tools und Bibliotheken

Um effektiv mit GPT-4 und GPT-4 Mini zu arbeiten, können verschiedene Tools und Bibliotheken Ihren Entwicklungsprozess optimieren:

1. **IDEs** :
   - **PyCharm** : Eine leistungsstarke Python-spezifische IDE mit Funktionen wie intelligenter Codevervollständigung, Debugging und integriertem Testen.
   - **Visual Studio Code (VS Code)** : Eine leichte, hochgradig anpassbare IDE mit Unterstützung für Python, Git und Erweiterungen für die KI-Entwicklung.

2. **API-Testtools** :
   - **Postman** : Ein beliebtes Tool zum Testen von APIs. Mit Postman können Sie Anfragen an die OpenAI-API senden, die Antworten prüfen und etwaige Probleme beheben, bevor Sie sie in Ihre App integrieren.
   - **Curl** : Ein Befehlszeilentool, das Ihnen die Interaktion mit APIs vom Terminal aus ermöglicht.

3. **Versionskontrolle (Git)** :
   - **Git** : Die Versionskontrolle ist für die Nachverfolgung von Änderungen, die Zusammenarbeit und die Verwaltung von Code-Repositories unerlässlich. Verwenden Sie Git, um Ihre Projekte zu speichern und zu versionieren, damit Sie zusammenarbeiten und bei Bedarf zu früheren Versionen zurückkehren können.

- GitHub oder GitLab : Plattformen zum Hosten und Verwalten von Git-Repositorys mit Tools für die Zusammenarbeit, Problemverfolgung und CI/CD-Integration.

4. **Virtuelle Umgebungen** :

    - **Virtualenv** oder **Conda** : Virtuelle Python-Umgebungen sind entscheidend, um Projektabhängigkeiten zu isolieren. Verwenden Sie sie, um Konflikte zwischen verschiedenen Bibliotheken und Versionen zu vermeiden.

```bash
python -m venv gpt4env
source gpt4env/bin/activate   # On Windows: gpt4env\Scripts\activate
```

5. **Docker** (optional): Wenn Sie Ihre Anwendung in einer Cloud oder einer Containerumgebung bereitstellen möchten, können Sie mit Docker Ihre App und ihre Abhängigkeiten in einem portablen Container verpacken.

Bereiten Sie Ihren Arbeitsbereich für eine effiziente Entwicklung vor

Ein gut organisierter Arbeitsbereich gewährleistet einen reibungslosen Entwicklungsprozess. Hier sind einige bewährte Methoden zur Vorbereitung Ihrer Entwicklungsumgebung:

1. **Directory Structure**: Organize your project files into a clear directory structure. For example:

   ```bash
   /my-gpt4-app
       /src           # Source code
       /data          # Data files (e.g., training data, logs)
       /models        # Model files (e.g., checkpoints)
       /tests         # Unit tests
       /docs          # Documentation
       .env           # Environment variables
       requirements.txt = Python dependencies
   ```

2. **Dependencies Management**: Use a `requirements.txt` file to list all the Python packages your project depends on. You can generate this file by running:

   ```bash
   pip freeze > requirements.txt
   ```

3. **Code Linting and Formatting**: Set up a linter like **Flake8** or **Pylint** to catch potential errors in your code early. For code formatting, use **Black** or **autopep8** to ensure consistent style.

4. **Task Automation**: Use **Makefile** or **Tasks in VS Code** to automate common tasks, such as running tests or launching a local server. For example, a simple `Makefile` might look like:

   ```Makefile
   install:
       pip install -r requirements.txt

   run:
       python app.py
   ```

5. **Continuous Integration**: Set up CI/CD pipelines using services like GitHub Actions or GitLab CI to automate the testing and deployment process.

Häufige Fehler

Beim Einrichten Ihrer Entwicklungsumgebung stoßen Entwickler häufig auf verschiedene Herausforderungen. Hier sind einige häufige Fallstricke, die Sie vermeiden sollten:

1. **API-Schlüssel fest codieren** : Das Speichern von API-Schlüsseln direkt in Ihrem Code kann zu Sicherheitsrisiken führen, insbesondere wenn Sie Ihren Code in ein öffentliches Repository übertragen.

Verwenden Sie zum Speichern vertraulicher Informationen immer Umgebungsvariablen.

2. **Konfliktierende Abhängigkeiten** : Bibliotheksversionen können miteinander in Konflikt stehen, was zu Problemen während der Entwicklung führen kann. Aus diesem Grund ist es wichtig, virtuelle Umgebungen zu verwenden, um Ihre Projektabhängigkeiten zu isolieren.

3. **Ratenbegrenzungen ignorieren** : GPT-4 und GPT-4 Mini haben Nutzungsbegrenzungen. Das Überschreiten dieser Begrenzungen kann dazu führen, dass der API-Zugriff vorübergehend blockiert wird. Achten Sie auf Ihre API-Nutzung und implementieren Sie Ratenbegrenzungen in Ihrem Code, um die API-Begrenzungen nicht zu erreichen.

4. **Kein Versionskontrollsystem verwenden** : Das Überspringen der Versionskontrolle kann bei der Zusammenarbeit oder bei Änderungen an Ihrem Projekt zu Problemen führen. Verwenden Sie immer Git und hosten Sie Ihren Code auf einer Plattform wie GitHub oder GitLab.

Das Einrichten Ihrer Entwicklungsumgebung ist der erste entscheidende Schritt beim Erstellen fortgeschrittener Anwendungen mit GPT-4 und GPT-4 Mini. Indem Sie die in diesem Kapitel beschriebenen Schritte befolgen, stellen Sie sicher, dass Sie über einen zuverlässigen, sicheren und effizienten Arbeitsbereich für die Entwicklung KI-gestützter Apps verfügen. Nachdem Ihre Umgebung nun eingerichtet ist, können Sie mit GPT-4 und GPT-4 Mini in die Kernentwicklung Ihrer KI-gestützten Apps eintauchen!

ERSTELLEN SIE IHREN ERSTEN INTELLIGENTEN KI-CHATBOT MIT GPT-4

Einführung in die Chatbot-Entwicklung

Chatbots sind zu einem wesentlichen Bestandteil moderner Anwendungen geworden und bieten Unternehmen und Benutzern eine nahtlose Möglichkeit, mit Systemen zu interagieren. Sie können den Kundenservice automatisieren, bei Produktempfehlungen helfen, technischen Support bieten und vieles mehr. Mit den Fortschritten in der KI, insbesondere mit leistungsstarken Sprachmodellen wie GPT-4, war die Entwicklung intelligenter, menschenähnlicher Chatbots nie einfacher.

In diesem Kapitel werden wir uns mit der Entwicklung Ihres ersten intelligenten KI-Chatbots mit GPT-4 befassen. Wir werden den Prozess der Gestaltung von Gesprächsabläufen, der Implementierung von Natural Language Understanding (NLU) und der Integration der Funktionen von GPT-4 in einen Chatbot durchgehen. Egal, ob Sie Anfänger oder erfahrener Entwickler sind, in diesem Kapitel erhalten Sie das Wissen, um einen fortschrittlichen KI-Chatbot für reale Anwendungen zu erstellen.

Wichtige Konzepte

Bevor wir mit der Erstellung des Chatbots beginnen, definieren wir einige Schlüsselkonzepte und Begriffe, die für das Verständnis der Funktionsweise von Chatbots und GPT-4 wichtig sind:

- **Chatbot** : Eine Softwareanwendung, die menschliche Gespräche mit Benutzern simuliert, entweder per Text oder Sprache. Chatbots können regelbasiert (vordefinierte Skripte befolgend) oder KI-gesteuert (auf der Grundlage von Modellen des maschinellen Lernens lernend und reagierend) sein.

- **Natural Language Understanding (NLU)** : NLU bezeichnet die Fähigkeit eines Computers, menschliche Sprache auf sinnvolle Weise zu verstehen und zu verarbeiten. Dabei geht es darum, die Absicht hinter der Abfrage eines Benutzers zu erkennen, wichtige Entitäten (wie Daten, Orte oder Produktnamen) zu extrahieren und entsprechende Antworten zu generieren.

- **GPT-4** : Ein hochmodernes Sprachmodell, das von OpenAI entwickelt wurde und sich durch das Verstehen und Generieren von menschenähnlichem Text auszeichnet. GPT-4 kann für verschiedene Aufgaben, einschließlich der Chatbot-Entwicklung, optimiert werden und komplexe sprachbasierte Aufgaben wie Textgenerierung, Zusammenfassung, Übersetzung und mehr ausführen.

- **Konversationsfluss** : Eine strukturierte Darstellung, wie ein Chatbot eine Konversation handhabt. Sie definiert, wie der Bot auf unterschiedliche Benutzereingaben reagiert, und sorgt so für reibungslose und ansprechende Dialoge.

Praxisbeispiele

Sehen wir uns zunächst ein einfaches Beispiel an, wie GPT-4 zum Erstellen eines intelligenten Chatbots verwendet werden kann. Nachfolgend finden Sie ein einfaches Beispiel für die Integration von GPT-4 in Python mithilfe der OpenAI-API:

1. **Einrichten der Entwicklungsumgebung**

    o Stellen Sie sicher, dass auf Ihrem Computer Python 3.7 oder höher installiert ist.

    o Installieren Sie die erforderlichen Bibliotheken: openai und dotenv zum sicheren Laden des API-Schlüssels.

1. **Setting Up the Development Environment**
   - Ensure you have Python 3.7 or later installed on your machine.
   - Install the required libraries: `openai` and `dotenv` for securely loading the API key.

   ```bash
   pip install openai python-dotenv
   ```

2. **Creating a .env File for API Keys** Store your OpenAI API key securely by adding it to a `.env` file. This ensures that your key is not hardcoded into the source code.

   `.env`:
   ```makefile
   OPENAI_API_KEY=your-api-key-here
   ```

3. **Building a Basic Chatbot** Let's start with a Python script that interacts with GPT-4. This chatbot will take user input, send it to GPT-4, and display the AI's response.

   ```python
   import openai
   from dotenv import load_dotenv
   import os

   load_dotenv()  # Load API key from .env file
   openai.api_key = os.getenv("OPENAI_API_KEY")

   def chatbot_response(user_input):
       response = openai.Completion.create(
           engine="gpt-4",  # Use GPT-4 model
           prompt=user_input,
           max_tokens=150,  # Limit response length
           temperature=0.7,  # Controls randomness
   ```

```
        prompt=user_input,
        max_tokens=150,   # Limit response length
        temperature=0.7,  # Controls randomness
    )
    return response.choices[0].text.strip()

if __name__ == "__main__":
    print("AI Chatbot: Hello! Ask me anything.")
    while True:
        user_input = input("You: ")
        if user_input.lower() == 'exit':
            print("AI Chatbot: Goodbye!")
            break
        print(f"AI Chatbot: {chatbot_response(user_input)}")
```

This code initializes the GPT-4 model using the OpenAI API and allows users to interact with the bot. The chatbot responds to user inputs based on GPT-4's capabilities.

4. **Sample Interaction**

```
AI Chatbot: Hello! Ask me anything.
You: What's the weather like today?
AI Chatbot: I'm sorry, I don't have access to real-time data, but I can tell you about
```

Designing Conversational Flows

Designing an effective conversational flow is one of the most important steps in building a chatbot. A conversational flow defines the sequence and logic of interactions between the user and the chatbot. For GPT-4-based chatbots, the goal is to ensure that the model responds appropriately to a wide variety of user inputs.

Here are some steps to design an effective conversational flow:

1. **Identify Key Use Cases**

    - Before creating a conversational flow, you need to determine the purpose of your chatbot. What tasks do you want it to perform? Some common use cases include customer support, personal assistants, and product recommendations.

    Example Use Case: A chatbot for an e-commerce store that assists with product recommendations, order tracking, and customer service inquiries.

2. **Define User Intents**

    - An intent is what the user wants to achieve through their interaction with the chatbot. For example, an intent could be "order tracking" or "product recommendation."

    Example Intents:

    - `TrackOrder` : The user wants to track their order status.
    - `ProductRecommendation` : The user wants to receive product suggestions.
    - `CustomerSupport` : The user needs assistance with an issue.

3. **Map Out the Flow**
   - Once you have your use cases and intents, the next step is to create a flow diagram that maps out how the conversation will progress based on different user inputs.

   Example Flow:

   ```vbnet
   User: "Where is my order?"
   Bot: "Please provide your order number."
   User: "12345"
   Bot: "Your order is on its way and should arrive within 3 days."
   ```

4. **Use GPT-4 to Handle Various Intents**
   - GPT-4's power comes from its ability to handle diverse conversational contexts. By using well-crafted prompts, you can guide GPT-4 to deliver responses based on specific user intents.

1. **Intent Recognition**
   - The first step in NLU is recognizing the user's intent. With GPT-4, this can be achieved through carefully designed prompts that guide the model in interpreting the user's query.

   Example:

   ```python
   def identify_intent(user_input):
       prompt = f"Classify the intent of the following user input: '{user_input}'"
       response = openai.Completion.create(
           engine="gpt-4",
           prompt=prompt,
           max_tokens=50,
       )
       return response.choices[0].text.strip()

   user_input = "I want to track my order"
   intent = identify_intent(user_input)
   print(f"Identified Intent: {intent}")
   ```

Example GPT-4 Prompt:

```python
prompt = "You are an AI assistant for an e-commerce store. The user is asking about th
```

5. **Incorporating User Feedback**
   - After users interact with the chatbot, it's important to incorporate feedback to improve the experience. You can implement follow-up questions or allow users to rate responses, which helps fine-tune the flow.

Implementing Natural Language Understanding (NLU)

Natural Language Understanding (NLU) is the process by which a chatbot interprets the user's input to understand their intent and extract meaningful information. While GPT-4 has a built-in understanding of language, it's important to use additional tools and techniques to enhance the chatbot's ability to understand and respond accurately.

Ausgabe :
Absicht: TrackOrder

2. Entitätserkennung

- Zusätzlich zur Absicht muss ein Chatbot Entitäten in der Benutzereingabe erkennen (z. B. Daten, Produktnamen oder Standorte). GPT-4 kann Entitäten basierend auf dem Kontext der Konversation extrahieren.

3. **Contextual Understanding**
   - GPT-4 can remember context over multiple turns, which allows it to maintain a conversation flow. This is crucial for handling multi-turn conversations, such as follow-up questions or clarifications.

   Example:

```python
context = "The user is asking about their order. They previously mentioned their order
user_input = "Has it been shipped yet?"
full_prompt = context + " " + user_input
response = openai.Completion.create(
    engine="gpt-4",
    prompt=full_prompt,
    max_tokens=100,
)
print(response.choices[0].text.strip())
```

Example:

```python
def extract_entities(user_input):
    prompt = f"Extract the relevant entities from the following user input: '{user_inp
    response = openai.Completion.create(
        engine="gpt-4",
        prompt=prompt,
        max_tokens=100,
    )
    return response.choices[0].text.strip()

user_input = "What are the latest iPhone models?"
entities = extract_entities(user_input)
print(f"Extracted Entities: {entities}")
```

Output:

Entities: iPhone, models

Ausgabe :

Ihre Bestellung wurde versendet und sollte in den nächsten 3 Tagen eintreffen.

Bewährte Methoden

1. **Halten Sie den Chatbot kontextbezogen** : Stellen Sie immer sicher, dass der Bot den Gesprächskontext im Auge behält. Dadurch werden Interaktionen natürlicher und effektiver.

2. **Verfeinern Sie die Eingabeaufforderungen regelmäßig** : Verfeinern Sie die Eingabeaufforderungen und Gesprächsabläufe kontinuierlich auf der Grundlage des Benutzerfeedbacks, um die Leistung des Chatbots zu verbessern.

3. **Unbekannte Eingaben verarbeiten** : Wenn GPT-4 auf eine unbekannte Eingabe stößt, ist es wichtig, eine Fallback-Antwort bereitzuhalten, z. B. den Benutzer um eine Klarstellung zu bitten.

Häufige Fehler

1. **Überladen des Modells mit komplexen Eingabeaufforderungen** : Komplexe Eingabeaufforderungen können GPT-4 überfordern und zu irrelevanten oder unvollständigen Antworten führen. Teilen Sie die Eingabeaufforderungen in einfachere, überschaubarere Abschnitte auf.

2. **Vernachlässigung von Benutzerfeedback** : Wenn Sie kein Benutzerfeedback sammeln und umsetzen, kann dies zu einem stagnierenden und ineffektiven Chatbot führen. Aktualisieren Sie die Funktionen des Chatbots regelmäßig auf der Grundlage von Feedback.

In diesem Kapitel haben wir die grundlegenden Konzepte der Chatbot-Entwicklung untersucht, von der Gestaltung von Konversationsabläufen bis zur Implementierung von NLU mit GPT-4. Mit der Leistung von GPT-4 können Sie Konversationsanwendungen erstellen, die sich wirklich menschlich anfühlen, und so die Grundlage für fortgeschrittenere KI-gestützte Tools auf Ihrem Entwicklungsweg schaffen.

INTEGRATION VON GPT-4 MINI FÜR LEICHTE KI-TOOLS

Da die KI-Technologie immer weiter fortschreitet, stehen Entwicklern eine Reihe von Tools zur Verfügung, mit denen sie anspruchsvollere Anwendungen erstellen können. Eine der aufregendsten Entwicklungen in der Welt der KI ist die Veröffentlichung von GPT-4 Mini, einer abgespeckten Version des GPT-4-Modells, die leistungsstarke Funktionen bietet und gleichzeitig auf Leistung optimiert ist. Für App-Entwickler bietet GPT-4 Mini eine einzigartige Möglichkeit, intelligentes, natürliches Sprachverständnis in Apps zu integrieren, ohne die Systemressourcen zu überlasten.

In diesem Kapitel erfahren Sie, wie Sie GPT-4 Mini nutzen können, um leichte KI-Tools für die App-Entwicklung zu erstellen. Vom Verständnis der Anwendungsfälle bis hin zum Erstellen effizienter, leistungsstarker Funktionen behandeln wir, wie Sie GPT-4 Mini in Ihren App-Entwicklungsworkflow integrieren. Egal, ob Sie Chatbot-Funktionen hinzufügen, die Inhaltsgenerierung automatisieren oder das Benutzererlebnis verbessern möchten, GPT-4 Mini kann eine hervorragende Wahl für die Erstellung skalierbarer KI-Lösungen sein.

Wichtige Konzepte

Bevor wir uns in die praktische Implementierung stürzen, wollen wir zunächst einige Schlüsselkonzepte und Begriffe klären, die für das Verständnis der Integration von GPT-4 Mini in die App-Entwicklung von entscheidender Bedeutung sind.

- **GPT-4 Mini** : GPT-4 Mini ist eine kleinere, effizientere Variante des GPT-4-Modells von OpenAI. Es behält zwar viel von der Leistung und Flexibilität von GPT-4 bei, ist jedoch für schnellere Inferenzzeiten und geringeren Ressourcenverbrauch optimiert und eignet sich daher ideal für mobile und leichte Anwendungen.

- **Verarbeitung natürlicher Sprache (NLP)** : NLP bezeichnet die Fähigkeit eines Computers, menschliche Sprache zu verstehen, zu interpretieren und zu generieren. GPT-4 Mini eignet sich hervorragend für NLP-Aufgaben, da es Benutzeranfragen verstehen, Sprache verarbeiten und kontextbezogen relevante Antworten generieren kann.

- **Leichtgewichtige KI-Tools** : Dies sind KI-gesteuerte Funktionen, die auf Leistung optimiert sind und weniger Rechenressourcen erfordern, während die Funktionsleistung erhalten bleibt. GPT-4 Mini wurde speziell zur Unterstützung solcher leichtgewichtigen KI-Tools entwickelt, indem es eine optimierte Version des vollständigen GPT-4-Modells bietet.

- **Skalierbarkeit** : Im Kontext der App-Entwicklung bezieht sich Skalierbarkeit auf die Fähigkeit einer App, eine zunehmende Anzahl von Benutzern oder Daten ohne Leistungseinbußen zu verarbeiten. Der reduzierte Ressourcenverbrauch von GPT-4 Mini ermöglicht eine bessere Skalierbarkeit bei der Implementierung KI-gesteuerter Funktionen.

Anwendungsfälle für GPT-4 Mini in der App-Entwicklung

GPT-4 Mini eröffnet App-Entwicklern, die erweiterte KI-Funktionen ohne hohen Rechenaufwand integrieren möchten, eine Vielzahl von Möglichkeiten. Hier sind einige wichtige Anwendungsfälle für GPT-4 Mini in der App-Entwicklung:

1. **Leichtgewichtige Chatbots**

    o   Eine der häufigsten Anwendungen von GPT-4 Mini ist die Entwicklung von leichtgewichtigen Chatbots, die eine Vielzahl von Benutzeranfragen verarbeiten können. GPT-4 Mini kann Konversationsagenten unterstützen, die Benutzer bei Kundendienstanfragen, Produktempfehlungen und vielem mehr unterstützen.

Beispiel : Ein Chatbot für den Kundensupport, der häufig gestellte Fragen zu Öffnungszeiten, Versandrichtlinien und Produktverfügbarkeit beantwortet.

2. **Automatisierte Inhaltserstellung**

    o   Mit GPT-4 Mini können Sie Inhalte für Blogs, Artikel, Social-Media-Beiträge oder Produktbeschreibungen generieren. Dank seiner Funktionen zur Generierung natürlicher Sprache ist GPT-4 Mini ideal für Apps, die eine große Menge an Inhalten mit minimalem menschlichen Eingriff erfordern.

Beispiel : Eine E-Commerce-App, die Produktbeschreibungen auf Grundlage einer Reihe von Eingabemerkmalen wie Größe, Farbe und Material generiert.

3. **Intelligente persönliche Assistenten**

    o   GPT-4 Mini kann persönliche Assistenz-Apps verbessern, indem es ihnen ermöglicht, Benutzerbefehle mit einem hohen Grad an natürlichem Sprachverständnis zu verstehen und darauf zu reagieren. Diese Assistenten können bei Aufgaben wie dem Einstellen von Erinnerungen, dem Senden von Nachrichten oder der Bereitstellung von Wetter-Updates helfen.

Beispiel : Eine Produktivitäts-App, in der Benutzer Fragen zu ihrem Zeitplan, ihren Aufgaben und Erinnerungen stellen und Antworten erhalten können.

4. **Erweiterte Suchfunktion**

    o GPT-4 Mini kann die Suchfunktion verbessern, indem es natürlichsprachliche Abfragen interpretiert und genauere, kontextbezogene Ergebnisse liefert. Es kann die Benutzerabsicht analysieren und Vorschläge machen, damit Benutzer genau das finden, was sie brauchen.

Beispiel : Eine App mit Filmempfehlungen, in die Benutzer natürlichsprachliche Suchanfragen wie „Ich möchte eine romantische Komödie sehen" eingeben können und die App ihnen passende Filme vorschlägt.

5. **Stimmungsanalyse**

    o GPT-4 Mini kann zur Stimmungsanalyse in Anwendungen verwendet werden, bei denen es darauf ankommt, die Stimmung oder das Gefühl benutzergenerierter Inhalte wie Rezensionen, Kommentare oder Feedback zu verstehen.

Beispiel : Ein Feedback-Analyse-Tool, das Kundenrezensionen auswertet und als positiv, negativ oder neutral kategorisiert.

Erstellen leichter KI-Funktionen mit GPT-4 Mini

Nachdem wir nun einige wichtige Anwendungsfälle verstanden haben, wollen wir uns mit den praktischen Aspekten der Integration von GPT-4 Mini in Ihre App befassen. Wir konzentrieren uns auf die Entwicklung leichter KI-Funktionen und zeigen, wie Sie die Funktionen von GPT-4 Mini nutzen können, um die Funktionalität Ihrer App zu verbessern.

Schritt 1: Einrichten der Entwicklungsumgebung

Der erste Schritt besteht darin, Ihre Entwicklungsumgebung für die Integration von GPT-4 Mini einzurichten. Nachfolgend finden Sie eine Anleitung zum Installieren der erforderlichen Bibliotheken und zum Konfigurieren Ihrer App für die Interaktion mit GPT-4 Mini.

1. **Install Python Libraries**
   - You'll need the `openai` library to access GPT-4 Mini. Install it using `pip`:

   ```bash
   pip install openai
   ```

2. **Set Up API Key**
   - You'll also need to get an API key from OpenAI. Once you have the key, you can store it in a `.env` file to keep it secure. Here's how you can set it up:

   `.env` file:

   ```makefile
   OPENAI_API_KEY=your-api-key-here
   ```

3. **Import Required Libraries**

- In your Python script, import the necessary libraries to interact with GPT-4 Mini.

```python
import openai
from dotenv import load_dotenv
import os

load_dotenv()  # Load the API key
openai.api_key = os.getenv("OPENAI_API_KEY")
```

Step 2: Building a Lightweight Chatbot

Let's walk through an example of integrating GPT-4 Mini to build a simple chatbot. This chatbot will interact with users and respond to questions based on predefined prompts.

1. Create a Simple Chatbot Function

   - The chatbot function will receive user input, send it to GPT-4 Mini, and return the generated response.

```python
def get_chatbot_response(user_input):
    response = openai.Completion.create(
        engine="gpt-4-mini",  # Specify GPT-4 Mini model
        prompt=user_input,
        max_tokens=150,  # Limit the response length
        temperature=0.7,  # Adjust for more natural-sounding responses
    )
    return response.choices[0].text.strip()
```

2. Running the Chatbot

   - The chatbot will continuously prompt the user for input and respond accordingly.

```python
if __name__ == "__main__":
    print("AI Chatbot: Hello! How can I assist you today?")
    while True:
        user_input = input("You: ")
        if user_input.lower() == 'exit':
            print("AI Chatbot: Goodbye!")
            break
        print(f"AI Chatbot: {get_chatbot_response(user_input)}")
```

Sample Output:

```vbnet
AI Chatbot: Hello! How can I assist you today?
You: What is GPT-4 Mini?
AI Chatbot: GPT-4 Mini is a lightweight version of the GPT-4 model, optimized for perf
```

Schritt 3: Optimierung für Leistung und Skalierbarkeit

Einer der Hauptvorteile von GPT-4 Mini ist die effiziente Skalierbarkeit. Es ist jedoch wichtig, Ihre App so zu gestalten, dass sie steigende Anforderungen bewältigen kann, ohne dass die Leistung nachlässt.

1. **Ratenbegrenzung und Caching**
   - Beim Erstellen KI-gesteuerter Funktionen ist es wichtig, eine Ratenbegrenzung zu implementieren, um API-Aufruflimits nicht zu erreichen. Das Zwischenspeichern häufig verwendeter Antworten kann auch die Belastung der GPT-4 Mini-API verringern und Antworten beschleunigen.

2. **Asynchrone Programmierung**
   - Um die Leistung zu verbessern, insbesondere bei Chatbot-Anwendungen, sollten Sie asynchrone Programmiertechniken verwenden. Dadurch kann die App mehrere Anfragen gleichzeitig verarbeiten, ohne den Hauptthread zu blockieren.

```python
import asyncio

async def get_async_response(user_input):
    response = await openai.Completion.create(
        engine="gpt-4-mini",
        prompt=user_input,
        max_tokens=150,
        temperature=0.7,
    )
    return response.choices[0].text.strip()

# Example usage
user_input = "What is AI?"
response = asyncio.run(get_async_response(user_input))
print(response)
```

3. **Belastungstests**

    o   Um sicherzustellen, dass Ihre App effizient skaliert werden kann, sollten Sie Belastungstests durchführen. Dies hilft bei der Identifizierung von Engpässen und ermöglicht es Ihnen, Ihren Code für hohen Datenverkehr zu optimieren.

Bewährte Methoden

1. **Verwenden Sie klare Eingabeaufforderungen** : Achten Sie beim Entwerfen von Interaktionen mit GPT-4 Mini darauf, dass die Eingabeaufforderungen klar und spezifisch sind, um mehrdeutige Antworten zu vermeiden.

2. **Token-Nutzung begrenzen** : Achten Sie auf die Anzahl der bei jedem API-Aufruf verwendeten Token, um die Kosten niedrig zu halten und übermäßig lange Antworten zu vermeiden.

3. **Leistung überwachen** : Überwachen Sie regelmäßig die Leistung Ihrer KI-Funktionen, um sicherzustellen, dass sie innerhalb eines akzeptablen Zeitrahmens reagieren und effizient skalieren.

Häufige Fehler

1. **Überlastung des Modells mit komplexen Eingabeaufforderungen** : GPT-4 Mini hat möglicherweise Probleme mit übermäßig komplexen Eingabeaufforderungen. Teilen Sie Aufgaben in kleinere, leichter verdauliche Eingabeaufforderungen auf, um Klarheit und Effizienz zu gewährleisten.

2. **Fehler bei der Behandlung von Randfällen** : Stellen Sie sicher, dass Ihr Chatbot oder KI-Tool unerwartete Eingaben verarbeiten und Fehler ordnungsgemäß beheben kann, um Abstürze oder eine schlechte Benutzererfahrung zu vermeiden.

ERWEITERTE CHATBOT-FUNKTIONEN: PERSONALISIERUNG UND KONTEXTBEWUSSTSEIN

Chatbots sind zu einem integralen Bestandteil moderner Anwendungen geworden und bieten Benutzern eine schnelle und effektive Möglichkeit, mit der Technologie zu interagieren. Während herkömmliche Chatbots häufig auf der Grundlage vordefinierter Skripte oder einfacher regelbasierter Logik antworten, können moderne KI-gesteuerte Chatbots – insbesondere solche, die auf Modellen wie GPT-4 basieren – intelligentere, dynamischere und personalisiertere Interaktionen ermöglichen. Die Leistungsfähigkeit der KI ermöglicht Gesprächsagenten, die nicht nur auf direkte Anfragen antworten, sondern auch Benutzerpräferenzen verstehen, sich an Kontexte anpassen und lange, komplexe Gespräche führen.

In diesem Kapitel werden wir uns mit zwei erweiterten Funktionen befassen, die das Benutzererlebnis mit Chatbots erheblich verbessern können: **Personalisierung** und **Kontextbewusstsein** . Wir werden untersuchen, wie man Chatbots entwickelt, die personalisierte Antworten basierend auf Benutzerinteraktionen geben, und wie man kontextbewusste Gesprächsagenten erstellt, die sich an vorherige Gespräche erinnern und die Antworten entsprechend anpassen. Dieses Kapitel bietet praktische Anleitungen, Beispiele aus der Praxis und bewährte Methoden, die Ihnen dabei helfen, diese erweiterten Funktionen in Ihre Anwendungen zu integrieren.

Wichtige Konzepte

Bevor wir uns mit den praktischen Aspekten der Implementierung erweiterter Chatbot-Funktionen befassen, definieren und erläutern wir zunächst die Schlüsselkonzepte, die für dieses Kapitel von zentraler Bedeutung sind.

1. **Personalisierung in Chatbots** : Unter Personalisierung versteht man die Fähigkeit eines Chatbots, seine Antworten an die

spezifischen Vorlieben, den Verlauf und das Verhalten des Benutzers anzupassen. Dabei wird die Konversation so angepasst, dass sie die Interessen des Benutzers oder vorherige Interaktionen widerspiegelt, wodurch eine ansprechendere und relevantere Erfahrung entsteht.

2. **Kontextbewusstsein in Chatbots** : Kontextbewusstsein bezieht sich auf die Fähigkeit eines Chatbots, den Kontext einer Konversation beizubehalten und zu nutzen. Dadurch kann der Chatbot die Absicht des Benutzers nicht nur anhand der aktuellen Nachricht, sondern auch im Verhältnis zur gesamten Konversation verstehen. Kontextbewusste Chatbots können sich an vergangene Interaktionen erinnern, laufende Aufgaben verfolgen und ihre Antworten entsprechend anpassen.

3. **Konversationsgedächtnis** : Das Konversationsgedächtnis ist die Fähigkeit des Chatbots, relevante Informationen aus vergangenen Gesprächen zu speichern. Dies können Benutzereinstellungen, Namen, häufig gestellte Fragen oder laufende Aufgaben sein. Ein effektives Konversationsgedächtnis trägt dazu bei, die Kontinuität in Interaktionen aufrechtzuerhalten, wodurch der Chatbot intelligenter und reaktionsschneller wirkt.

4. **Sitzungsverwaltung** : Bei der Sitzungsverwaltung geht es darum, den Informationsfluss innerhalb einer Konversation zu handhaben. Eine Sitzung stellt die Dauer einer Interaktion zwischen dem Benutzer und dem Chatbot dar. Bei der Verwaltung geht es darum, sicherzustellen, dass der Chatbot mehrere Aspekte der Konversation verfolgen kann, einschließlich Kontext und vorherige Antworten.

5. **Kontextuelles Verständnis** : Kontextuelles Verständnis ist der Prozess, bei dem ein Chatbot die Bedeutung der Eingabe eines Benutzers im breiteren Kontext der Konversation interpretiert.

Dabei werden sowohl die aktuelle Nachricht als auch der historische Fluss analysiert, um genaue und relevante Antworten zu generieren.

Chatbots mit personalisierten Antworten verbessern

Personalisierte Antworten sind entscheidend für ein ansprechendes und benutzerzentriertes Erlebnis. Anstatt allgemeine Antworten zu liefern, verwenden personalisierte Chatbots Daten über den Benutzer, um Antworten zu erstellen, die relevant und auf seine Bedürfnisse zugeschnitten sind. Lassen Sie uns untersuchen, wie wir diese Funktion implementieren können.

Schritt 1: Sammeln von Benutzerdaten

Der erste Schritt bei der Personalisierung eines Chatbots besteht darin, relevante Daten über den Benutzer zu sammeln. Dies können sein:

- **Benutzereinstellungen** : Einstellungen in Bezug auf den vom Chatbot angebotenen Dienst oder das Produkt (z. B. bevorzugte Genres, bevorzugte Einstellungen usw.).

- **Benutzerverlauf** : Frühere Interaktionen, die beim Verständnis des Benutzerverhaltens, der Bedürfnisse und der Absichten helfen können.

- **Profilinformationen** : Details wie Name, Alter, Standort oder besondere Bedürfnisse des Benutzers.

Beispiel : Wenn Sie einen E-Commerce-Chatbot entwickeln, können Sie Informationen zu früheren Einkäufen, Produktpräferenzen oder zum Browserverlauf des Benutzers speichern, um relevante Artikel vorzuschlagen.

Schritt 2: Speichern und Zugreifen auf Benutzerdaten

Um personalisierte Interaktionen aufrechtzuerhalten, benötigen Sie eine zuverlässige Möglichkeit zum Speichern und Abrufen von Benutzerdaten. Eine einfache Methode besteht darin, eine Datenbank oder einen Schlüssel-Wert-

Speicher wie Redis zu verwenden, um Informationen sitzungsübergreifend zu speichern. Diese Daten sollten mit der eindeutigen ID des Benutzers verknüpft sein.

```
import json
import openai
import sqlite3

# Database setup
conn = sqlite3.connect('chatbot.db')
cursor = conn.cursor()
cursor.execute('''CREATE TABLE IF NOT EXISTS user_data (user_id TEXT, data TEXT)''')

def store_user_data(user_id, data):
    cursor.execute('INSERT OR REPLACE INTO user_data (user_id, data) VALUES (?, ?)', (user
    conn.commit()

def get_user_data(user_id):
    cursor.execute('SELECT data FROM user_data WHERE user_id = ?', (user_id,))
    result = cursor.fetchone()
    return json.loads(result[0]) if result else {}

# Example of storing user data
user_id = "user123"
user_data = {"name": "John", "preferences": ["electronics", "gaming"]}
store_user_data(user_id, user_data)
```

Schritt 3: Personalisieren der Chatbot-Antworten

Sobald Sie über Benutzerdaten verfügen, können Sie diese verwenden, um die Antworten des Chatbots zu personalisieren. Ein Chatbot mit GPT-4 kann diese Daten übernehmen und in die an das Modell gesendeten Eingabeaufforderungen einfügen.

```python
def personalize_response(user_input, user_id):
    # Retrieve user data
    user_data = get_user_data(user_id)
    name = user_data.get("name", "User")

    # Prepare personalized prompt
    prompt = f"Hello {name}, how can I assist you today? You have previously shown interes

    # Generate a response with GPT-4 Mini
    response = openai.Completion.create(
        engine="gpt-4-mini",
        prompt=prompt + " " + user_input,
        max_tokens=150,
        temperature=0.7,
    )

    return response.choices[0].text.strip()

# Example of personalized chatbot interaction
user_input = "What are the latest gadgets?"
response = personalize_response(user_input, user_id)
print(response)
```

In diesem Beispiel passt der Chatbot seine Begrüßung und den Gesprächskontext anhand der Präferenzen und vorherigen Interaktionen des Benutzers an.

Erstellen kontextsensitiver Konversationsagenten

Kontextbewusstsein ist für Chatbots, die komplexe, fortlaufende Gespräche führen, von entscheidender Bedeutung. Ein kontextbewusster Chatbot kann bessere Antworten liefern, indem er die Bedeutung einer Nachricht im Lichte des gesamten Gesprächsverlaufs interpretiert.

Schritt 1: Gesprächskontext aufrechterhalten

Um Kontextbewusstsein zu ermöglichen, muss der Chatbot den Gesprächsverlauf verfolgen. Dies kann durch die Pflege eines Interaktionsverlaufs erfolgen, entweder lokal oder in einem Sitzungsspeicher.

```python
# A simple structure to store conversation history
class ConversationHistory:
    def __init__(self):
        self.history = []

    def add_message(self, user_input, bot_response):
        self.history.append({"user": user_input, "bot": bot_response})

    def get_context(self):
        # Combine the history into a single string for context
        return "\n".join([f"User: {msg['user']}\nBot: {msg['bot']}" for msg in self.histor

# Example of context management
conversation = ConversationHistory()
conversation.add_message("What is AI?", "AI is the simulation of human intelligence in mac
conversation.add_message("What is machine learning?", "Machine learning is a subset of AI

# Get the entire conversation context
context = conversation.get_context()
print(context)
```

Schritt 2: Kontextbezogene Antworten generieren

Sobald der Gesprächsverlauf verfolgt wird, können Sie diesen Kontext in die Eingabeaufforderungen des Chatbots einbeziehen, um die Antworten relevanter zu gestalten und sie auf früheren Nachrichten zu basieren.

```python
def get_context_aware_response(user_input, conversation_history):
    context = conversation_history.get_context()

    # Send the full context along with the user's current input to GPT-4
    prompt = context + f"\nUser: {user_input}\nBot:"

    response = openai.Completion.create(
        engine="gpt-4-mini",
        prompt=prompt,
        max_tokens=150,
        temperature=0.7,
    )

    bot_response = response.choices[0].text.strip()
    conversation_history.add_message(user_input, bot_response)

    return bot_response

# Example of a context-aware chatbot interaction
user_input = "What is deep learning?"
response = get_context_aware_response(user_input, conversation)
print(response)
```

Durch die Verwendung des Gesprächsverlaufs als Teil der Eingabeaufforderung kann der Chatbot Antworten generieren, die das gesamte Gespräch berücksichtigen, sodass sie stimmiger und kontextuell angemessener wirken.

Umgang mit langen Gesprächen und Kontextmanagement

Lange Gespräche stellen besondere Herausforderungen dar. Je länger das Gespräch dauert, desto umfangreicher wird der Kontext, was sich auf die Leistung auswirken kann. Um die Reaktionsfähigkeit des Chatbots aufrechtzuerhalten, ist eine effiziente Kontextverwaltung von entscheidender Bedeutung.

Schritt 1: Kontextlänge begrenzen

Eine Strategie besteht darin, die Anzahl der im Kontext enthaltenen Nachrichten zu begrenzen. Anstatt die gesamte Konversation zu verwenden, können Sie nur die aktuellsten Nachrichten behalten oder kritischen Austausch priorisieren.

```python
def get_trimmed_context(conversation_history, max_length=5):
    # Limit the history to the most recent 'max_length' messages
    return "\n".join([f"User: {msg['user']}\nBot: {msg['bot']}" for msg in conversation_hi

# Example of trimming the context
short_context = get_trimmed_context(conversation, max_length=3)
print(short_context)
```

Step 2: Session Management

For long-running conversations, it's also important to manage user sessions. You can store the context in a session object, database, or in-memory cache to maintain continuity across multiple interactions.

Bewährte Methoden

1. **Gleichgewicht zwischen Personalisierung und Datenschutz** : Auch wenn Personalisierung wichtig ist, achten Sie darauf, dass Sie verantwortungsvoll mit Benutzerdaten umgehen und Datenschutzgesetze wie die DSGVO einhalten. Vermeiden Sie die Speicherung vertraulicher Daten, es sei denn, dies ist unbedingt erforderlich.

2. **Kontextverwaltung** : Begrenzen Sie die Menge des gespeicherten Konversationsverlaufs, um die Leistung zu verbessern. Speichern Sie nur wichtige Informationen, die sich auf die aktuelle Interaktion auswirken.

3. **Benutzerfeedback** : Fordern Sie Benutzer regelmäßig auf, ihre Einstellungen zu bestätigen oder zu aktualisieren, um sicherzustellen, dass der Chatbot relevant bleibt.

Häufige Fehler

1. **Überladen des Kontexts** : Wenn zu viele Konversationsverläufe gespeichert werden, kann dies die Leistung beeinträchtigen. Ziehen Sie immer in Betracht, ältere Nachrichten zu löschen, die nicht mehr relevant sind.

2. **Randfälle ignorieren** : Manchmal geben Benutzer mehrdeutige oder nicht zusammenhängende Antworten. Stellen Sie sicher, dass Ihr Chatbot in der Lage ist, solche Fälle problemlos zu handhaben.

3. **Datenschutzbedenken** : Das Speichern zu vieler persönlicher Informationen kann zu Datenschutzproblemen führen. Informieren Sie Benutzer immer über die von Ihnen gespeicherten Daten und geben Sie ihnen die Kontrolle über ihre Daten.

ERSTELLEN VON KI-GESTÜTZTEN TOOLS ZUR INHALTSERSTELLUNG

In der sich schnell entwickelnden Welt der Anwendungsentwicklung hat künstliche Intelligenz (KI) unsere Herangehensweise an die Inhaltserstellung revolutioniert. KI-gestützte Tools können Inhalte mit bemerkenswerter Geschwindigkeit und Genauigkeit generieren, bearbeiten und optimieren und helfen Unternehmen, Entwicklern und Inhaltserstellern gleichermaßen. Eines der leistungsstärksten Tools in diesem Bereich ist GPT-4, ein hochmodernes Sprachmodell von OpenAI, das auf der Grundlage einer Vielzahl von Eingabeaufforderungen menschenähnlichen Text generieren kann. Durch die Nutzung von GPT-4 können Entwickler robuste Tools zur Inhaltserstellung und -bearbeitung erstellen, die die Kreativität fördern und Arbeitsabläufe optimieren.

Dieses Kapitel führt Sie durch den Prozess der Erstellung KI-gestützter Tools zur Inhaltserstellung mit GPT-4. Wir werden untersuchen, wie GPT-4 in die Inhaltserstellung integriert wird, Tools zum Schreiben und Bearbeiten von Inhalten entwickelt werden und das Modell für kreative KI-Anwendungen angewendet wird. Anhand praktischer Beispiele, Schritt-für-Schritt-Anleitungen und bewährter Methoden lernen Sie, wie Sie Anwendungen erstellen, die KI für die dynamische und skalierbare Inhaltserstellung nutzen.

Wichtige Konzepte

Bevor wir uns in die praktischen Schritte stürzen, wollen wir einige Schlüsselkonzepte im Zusammenhang mit der KI-gestützten Inhaltserstellung definieren und erläutern.

1. **Inhaltsgenerierung** : Unter Inhaltsgenerierung versteht man den Prozess der automatischen Erstellung schriftlicher Inhalte – wie Artikel, Blogs, Produktbeschreibungen oder Social-Media-Beiträge – mithilfe von KI-Tools. GPT-4 zeichnet sich bei der

Inhaltsgenerierung durch die Analyse von Benutzereingaben und die Erstellung zusammenhängender, kontextrelevanter Texte aus.

2. **Verarbeitung natürlicher Sprache (NLP)** : NLP ist ein Bereich der KI, der sich auf die Interaktion zwischen Computern und menschlichen Sprachen konzentriert. Es umfasst Aufgaben wie Textgenerierung, Übersetzung, Zusammenfassung und Stimmungsanalyse. GPT-4 ist ein NLP-Modell, das menschenähnlichen Text auf der Grundlage von Mustern generiert, die es aus riesigen Mengen von Textdaten gelernt hat.

3. **Kreative KI-Anwendungen** : Kreative KI-Anwendungen gehen über die traditionelle Inhaltserstellung hinaus, indem sie kreative Ergebnisse wie Gedichte, Geschichten, Kunstwerke und sogar Musik generieren. GPT-4 kann in diesen Anwendungen genutzt werden, um Ideen zu generieren, Entwürfe zu verfeinern oder beim Brainstorming zu helfen.

4. **Tools zur Inhaltsbearbeitung** : Dies sind KI-gestützte Tools, die bei der Verfeinerung und Verbesserung schriftlicher Inhalte helfen. Bearbeitungstools können Grammatikkorrekturen vorschlagen, Sätze zur besseren Verständlichkeit umformulieren, den Ton optimieren und vieles mehr. GPT-4 kann zur Verbesserung des Inhalts beitragen, indem es in Echtzeit Verbesserungsvorschläge liefert.

5. **Prompt Engineering** : Prompt Engineering ist der Prozess der Erstellung spezifischer Eingaben (Prompts) für KI-Modelle wie GPT-4, um die gewünschten Ausgaben zu generieren. Die Qualität des generierten Inhalts hängt stark davon ab, wie gut der Prompt gestaltet ist.

Nutzung von GPT-4 zur Inhaltsgenerierung

Die Fähigkeit von GPT-4, Text zu generieren, macht es ideal für eine Vielzahl von Anwendungen zur Inhaltserstellung. Beginnen wir damit, zu untersuchen, wie man mit GPT-4 automatisch Inhalte generieren kann.

Schritt 1: Einrichten der Umgebung

Um zu beginnen, müssen Sie eine Umgebung einrichten, die Ihnen die Interaktion mit GPT-4 ermöglicht. Dies umfasst normalerweise:

- **API-Zugriff** : Erhalten Sie Zugriff auf die API von OpenAI, indem Sie sich auf deren Website anmelden und einen API-Schlüssel generieren.

- **Python-Setup** : Stellen Sie sicher, dass Sie Python zusammen mit dem OpenAI-Paket installiert haben, das Ihnen die Interaktion mit dem GPT-4-Modell ermöglicht.

```bash
pip install openai
```

Once you have access to the API, you can set up the configuration to interact with GPT-4.

Step 2: Making Your First API Call

Let's write a simple Python function that connects to the OpenAI API and generates content based on a prompt. In this case, we'll create an example that generates a blog post introduction.

```
import openai

# Set up the API key
openai.api_key = "YOUR_API_KEY"

def generate_blog_post_intro(topic):
    prompt = f"Write a blog post introduction about {topic}."
    response = openai.Completion.create(
        engine="gpt-4",
        prompt=prompt,
        max_tokens=200,
        temperature=0.7
    )

    return response.choices[0].text.strip()

# Example usage
topic = "the future of AI in healthcare"
intro = generate_blog_post_intro(topic)
print(intro)
```

In this example, we've set up a basic function that takes a topic as input and generates a blog post introduction using GPT-4. The temperature parameter controls the randomness of the output, and max_tokens limits the length of the generated text.

Step 3: Customizing Content Generation

Sie können den Prozess der Inhaltsgenerierung weiter anpassen, indem Sie die Eingabeaufforderung an bestimmte Anforderungen anpassen, z. B. an die Erstellung von Produktbeschreibungen, Social-Media-Posts oder Marketingtexten. So können Sie den Code erweitern, um eine Produktbeschreibung zu generieren:

```python
def generate_product_description(product_name, features):
    prompt = f"Write a product description for {product_name}. Include the following featu
    response = openai.Completion.create(
        engine="gpt-4",
        prompt=prompt,
        max_tokens=150,
        temperature=0.7
    )
    return response.choices[0].text.strip()

# Example usage
product_name = "Wireless Noise-Canceling Headphones"
features = ["Bluetooth connectivity", "20 hours of battery life", "comfortable ear cushion
description = generate_product_description(product_name, features)
print(description)
```

Durch die Anpassung der Eingabeaufforderung können Sie Inhalte generieren, die Ihren spezifischen Anforderungen für verschiedene Anwendungsfälle entsprechen.

Entwickeln von Tools zum Schreiben und Bearbeiten von Inhalten

KI-gestützte Tools zum Schreiben und Bearbeiten von Inhalten können die Produktivität steigern und Autoren dabei unterstützen, mit minimalem Aufwand qualitativ hochwertige Inhalte zu erstellen. Sehen wir uns an, wie wir mit GPT-4 ein Tool zum Schreiben und Bearbeiten von Inhalten erstellen können.

Tool zum Schreiben von Inhalten

Ein Tool zum Schreiben von Inhalten kann dabei helfen, Entwürfe zu erstellen, Ideen zu erweitern oder bei Schreibblockaden zu helfen. Sie können ein einfaches Tool erstellen, das mehrere Absätze zu einem bestimmten Thema generiert:

```python
def generate_article_body(topic):
    prompt = f"Write a detailed article about {topic}. Include at least 3 paragraphs with
    response = openai.Completion.create(
        engine="gpt-4",
        prompt=prompt,
        max_tokens=500,
        temperature=0.7
    )

    return response.choices[0].text.strip()

# Example usage
article_body = generate_article_body("how AI is transforming the education sector")
print(article_body)
```

This function generates a detailed article body with subheadings based on the provided topic. Writers can use this as a draft, and then refine or expand it further.

Content Editing Tool

Beim Bearbeiten von Inhalten kann GPT-4 bei der Grammatikprüfung, der Umformulierung von Sätzen und der Verbesserung der Lesbarkeit helfen. Hier ist ein Beispiel für die Verwendung von GPT-4 zur Umformulierung von Sätzen:

```python
def rephrase_sentence(sentence):
    prompt = f"Rephrase the following sentence to make it clearer: {sentence}"
    response = openai.Completion.create(
        engine="gpt-4",
        prompt=prompt,
        max_tokens=100,
        temperature=0.7
    )

    return response.choices[0].text.strip()

# Example usage
sentence = "The project was done on a very tight schedule, and it was challenging to compl
rephrased_sentence = rephrase_sentence(sentence)
print(rephrased_sentence)
```

This function takes a sentence and rephrases it to make it more concise and readable. Developers can build more advanced editing tools by combining features like grammar correction, tone adjustment, and word choice suggestions.

Integrating GPT-4 for Creative AI Applications

Kreative KI-Anwendungen gehen über die Erstellung von Standardinhalten hinaus, indem sie hochkreative Ergebnisse wie Gedichte, Geschichten oder sogar Drehbücher generieren. Lassen Sie uns untersuchen, wie GPT-4 zur Steigerung der Kreativität eingesetzt werden kann.

Schritt 1: Kreatives Schreiben

GPT-4 eignet sich hervorragend für kreative Schreibaufgaben. Sie können es beispielsweise verwenden, um eine Kurzgeschichte basierend auf einer vorgegebenen Aufforderung zu erstellen:

```python
def generate_short_story(prompt):
    response = openai.Completion.create(
        engine="gpt-4",
        prompt=prompt,
        max_tokens=500,
        temperature=0.8
    )
    return response.choices[0].text.strip()

# Example usage
story_prompt = "Write a short story about a detective solving a mysterious case in a futur
story = generate_short_story(story_prompt)
print(story)
```

In this case, GPT-4 generates a creative narrative based on the prompt, helping authors and scriptwriters brainstorm or overcome writer's block.

Step 2: Using GPT-4 for Poetry Generation

GPT-4 can also be used to generate poetry by adjusting the prompt to include stylistic elements like rhyme schemes or poetic structures. For example:

```python
def generate_poetry(theme):
    prompt = f"Write a poem about {theme}. The poem should rhyme and have four stanzas."
    response = openai.Completion.create(
        engine="gpt-4",
        prompt=prompt,
        max_tokens=150,
        temperature=0.9
    )
    return response.choices[0].text.strip()

# Example usage
poem = generate_poetry("love and loss")
print(poem)
```

This function creates a short poem on a given theme, showcasing the creative potential of GPT-4.

Bewährte Methoden

1. **Eingabeaufforderungen verfeinern** : Die Qualität des generierten Inhalts hängt stark von der Eingabeaufforderung ab. Verfeinern Sie die Eingabeaufforderung und experimentieren Sie mit verschiedenen Strukturen, um die besten Ergebnisse zu erzielen.

2. **Feinabstimmung von Modellen** : Erwägen Sie eine Feinabstimmung des GPT-4-Modells für Ihre spezifische Domäne. Dies kann dazu beitragen, die Genauigkeit und Relevanz für Nischenthemen zu verbessern.

3. **Benutzerfeedback einbeziehen** : Berücksichtigen Sie bei der Entwicklung von Inhaltstools immer das Benutzerfeedback, um sicherzustellen, dass die Ergebnisse nützlich und von hoher Qualität sind.

4. **Token-Nutzung begrenzen** : Beachten Sie die Token-Begrenzungen, wenn Sie längere Inhalte erstellen. Teilen Sie große Inhalte in kleinere Abschnitte auf, um die Leistung zu optimieren.

Häufige Fehler

1. **Übermäßiges Vertrauen in KI** : Obwohl KI leistungsstark ist, sollten Sie den generierten Inhalt immer auf Qualität, Genauigkeit und Relevanz überprüfen. GPT-4 könnte Text produzieren, der plausibel klingt, aber sachlich falsch ist.

2. **Zu vage Eingabeaufforderungen** : Vermeiden Sie vage Eingabeaufforderungen, die zu allgemeinen oder irrelevanten Inhalten führen. Seien Sie in Ihren Anweisungen an GPT-4 konkret, um qualitativ hochwertige Ergebnisse sicherzustellen.

3. **Leistung und Kosten** : Das Generieren großer Inhaltsmengen kann ressourcenintensiv sein. Überwachen Sie die API-Nutzung, um übermäßige Kosten zu vermeiden.

INTEGRATION EXTERNER APIS UND DATENQUELLEN FÜR ERWEITERTE KI-FUNKTIONALITÄT

Im Zeitalter intelligenter Anwendungen ist die Integration externer APIs und Datenquellen in Ihre KI-gestützten Systeme von entscheidender Bedeutung, um dynamische, Echtzeit- und hochgradig personalisierte Erfahrungen bereitzustellen. GPT-4 ist zwar ein unglaublich leistungsstarkes Tool zur Textgenerierung, kann jedoch durch die Einbindung externer Daten aus APIs, Datenbanken und Web Scraping von Drittanbietern noch weiter verbessert werden. Durch die Kombination der Funktionen von GPT-4 mit externen Daten können Entwickler robustere und kontextbezogenere Anwendungen erstellen.

Dieses Kapitel führt Sie durch den Prozess der Integration von GPT-4 mit APIs von Drittanbietern, der Verwendung von Web Scraping zum Sammeln von Daten und der Einbindung der Echtzeit-Datenverarbeitung in Ihre Anwendungen. Anhand praktischer Beispiele und schrittweiser Anleitungen lernen Sie, wie Sie Anwendungen erstellen, die Daten aus mehreren Quellen abrufen können, um intelligent auf Benutzeranfragen zu reagieren.

Wichtige Konzepte

Bevor wir uns in die praktischen Anwendungen vertiefen, wollen wir einige grundlegende Konzepte und Begriffe im Zusammenhang mit der Integration externer APIs und Datenquellen in KI-Modelle wie GPT-4 erläutern.

1. **APIs von Drittanbietern** : Dies sind externe Dienste, die bestimmte Funktionen anbieten, wie etwa Wetterdaten, Finanzinformationen oder Einblicke in soziale Medien. Durch die Integration dieser APIs in Ihre Anwendung können Sie die Funktionalität von GPT-4 erweitern, indem Sie es mit aktuellen, externen Daten versorgen.

2. **Web Scraping** : Web Scraping ist der Prozess des Extrahierens von Daten von Websites. Im Kontext von KI-Anwendungen kann Web Scraping verwendet werden, um öffentlich verfügbare Daten wie Produktpreise, Nachrichtenartikel oder sogar Benutzerbewertungen zu sammeln, die dann von GPT-4 verarbeitet werden können, um fundiertere Antworten zu generieren.

3. **Datenbanken** : Eine Datenbank speichert strukturierte Daten, die abgefragt und abgerufen werden können. Durch die Integration von GPT-4 in Datenbanken können Sie dem KI-Modell ermöglichen, historische oder benutzerspezifische Daten abzurufen, um Antworten basierend auf früheren Interaktionen oder benutzerdefinierten Datensätzen zu generieren.

4. **Echtzeit-Datenverarbeitung** : Bei der Echtzeit-Datenverarbeitung werden Daten sofort und ohne Verzögerungen erfasst und analysiert, sobald sie generiert werden. Dies ist für Anwendungen wie Live-Chatbots oder Finanzanalysetools unerlässlich, bei denen die KI sofort auf Datenänderungen reagieren muss.

5. **Dynamische Antworten** : Dabei handelt es sich um von einem KI-Modell generierte Antworten, die sich je nach den neuesten Daten, Benutzereingaben oder anderen Echtzeitfaktoren ändern. Durch die Integration externer APIs oder Datenbanken kann die KI Antworten liefern, die immer aktuell und kontextbezogen relevant sind.

Verbinden von GPT-4 mit APIs von Drittanbietern

Die Integration von APIs von Drittanbietern in GPT-4-basierte Anwendungen ist eine der einfachsten Möglichkeiten, die Funktionalität Ihres Systems zu erweitern. Diese APIs können Echtzeitdaten bereitstellen, spezielle Aufgaben ausführen oder sogar mit anderen Diensten wie Zahlungssystemen oder Social-Media-Plattformen interagieren.

Schritt 1: API-Zugriff einrichten

Bevor Sie eine externe API integrieren können, müssen Sie einen API-Schlüssel oder ein Token erhalten. Normalerweise müssen Sie sich dazu auf der Plattform des Dienstanbieters anmelden. Anschließend können Sie Ihren eindeutigen API-Schlüssel generieren.

Sobald Sie Ihren API-Schlüssel haben, können Sie mit der Integration in Ihre Anwendung beginnen. Hier zeigen wir, wie Sie GPT-4 mit einer Wetter-API verbinden, um Benutzern personalisierte Wetterinformationen bereitzustellen.

Beispiel: Integration von GPT-4 mit einer Wetter-API

Lassen Sie uns die API von OpenWeatherMap verwenden, um Wetterdaten abzurufen. Wir werden sie in GPT-4 integrieren, damit Benutzer nach dem Wetter an einem bestimmten Ort fragen können und die KI mit der aktuellen Wettervorhersage antwortet.

```python
import openai
import requests

# Set up your OpenAI API key
openai.api_key = "YOUR_OPENAI_API_KEY"

# Set up your OpenWeatherMap API key
weather_api_key = "YOUR_WEATHER_API_KEY"
weather_url = "http://api.openweathermap.org/data/2.5/weather"

def get_weather(city):
    params = {
        'q': city,
        'appid': weather_api_key,
        'units': 'metric'
    }
    response = requests.get(weather_url, params=params)
    data = response.json()

    if data['cod'] == 200:
        temp = data['main']['temp']
        description = data['weather'][0]['description']
        return f"The current temperature in {city} is {temp}°C with {description}."

    else:
        return "Sorry, I couldn't retrieve the weather information."

def generate_weather_response(city):
    weather_info = get_weather(city)
    prompt = f"The user wants to know about the weather in {city}. Provide a friendly and

    response = openai.Completion.create(
        engine="gpt-4",
        prompt=prompt,
        max_tokens=150,
        temperature=0.7
    )

    return response.choices[0].text.strip()

# Example usage
city = "London"
response = generate_weather_response(city)
print(response)
```

Erläuterung :

- Wir rufen zunächst Wetterdaten aus der OpenWeatherMap-API basierend auf der Stadteingabe des Benutzers ab.
- Anschließend integrieren wir die Wetterdaten in die Eingabeaufforderung von GPT-4, sodass eine Antwort in natürlicher Sprache bereitgestellt werden kann.
- Die Wetterinformationen dienen GPT-4 als dynamischer Kontext, um relevante Antworten zu generieren.

Best Practices für die API-Integration

- **Fehlerbehandlung** : Implementieren Sie immer eine Fehlerbehandlung für Situationen, in denen die API nicht verfügbar ist oder einen Fehler zurückgibt.
- **Ratenbegrenzung** : Viele APIs haben Ratenbegrenzungen. Stellen Sie sicher, dass Ihre Anwendung diese Begrenzungen ordnungsgemäß handhabt, um Störungen zu vermeiden.
- **API-Caching** : Erwägen Sie bei häufig angeforderten Daten (z. B. Wetter oder Aktienkurse) das Caching von Antworten, um die Anzahl der API-Aufrufe zu verringern und die Leistung zu verbessern.

Verwenden von Web Scraping und Datenbanken in Ihren Anwendungen

Während APIs strukturierte Daten aus externen Quellen bereitstellen, können Sie mit Web Scraping Daten direkt von Websites sammeln. Dies kann nützlich sein, wenn Sie Informationen benötigen, die nicht über eine formale API verfügbar sind, oder wenn die Daten in einem frei zugänglichen Format vorliegen.

Schritt 1: Web Scraping mit Python

Um Web Scraping zu demonstrieren, verwenden wir BeautifulSoup und Anfragen, um eine Website zu scrapen und bestimmte Daten abzurufen. Hier scrapen wir Schlagzeilen von einer Nachrichten-Website und stellen Zusammenfassungen mit GPT-4 bereit.

```python
import requests
from bs4 import BeautifulSoup
import openai

openai.api_key = "YOUR_OPENAI_API_KEY"

def scrape_news():
    url = "https://www.bbc.com/news"
    response = requests.get(url)
    soup = BeautifulSoup(response.text, 'html.parser')

    headlines = []
    for headline in soup.find_all('h3'):
        headlines.append(headline.get_text())

    return headlines[:5]

def summarize_news():
    headlines = scrape_news()
    prompt = "Here are the top news headlines. Summarize each one in one sentence:\n"
    prompt += "\n".join([f"{i+1}. {headline}" for i, headline in enumerate(headlines)])

    response = openai.Completion.create(
        engine="gpt-4",
        prompt=prompt,
        max_tokens=250,
        temperature=0.7
    )

    return response.choices[0].text.strip()

# Example usage
summary = summarize_news()
print(summary)
```

Erläuterung :

- Wir kratzen mithilfe von BeautifulSoup und Anfragen die Top-Schlagzeilen von der BBC-News-Website zusammen.

- Wir senden diese Überschriften an GPT-4, um prägnante Zusammenfassungen für jede Überschrift zu erstellen.

Best Practices für Web Scraping:

- **Beachten Sie Robots.txt** : Überprüfen Sie immer die Robots.txt-Datei einer Website, um sicherzustellen, dass Sie keine Scraping-Regeln verletzen.

- **Anfragen begrenzen** : Um eine Überlastung der Server zu vermeiden, begrenzen Sie Ihre Anfragen und planen Sie Verzögerungen zwischen ihnen ein.

- **Einhaltung gesetzlicher Vorschriften** : Beachten Sie die Urheberrechts- und Datennutzungsgesetze, wenn Sie Inhalte von Websites scrapen.

Schritt 2: Verwenden von Datenbanken zur Datenspeicherung

Datenbanken sind für die Speicherung und den Abruf großer Mengen strukturierter Daten von entscheidender Bedeutung. Durch die Integration von GPT-4 in Datenbanken können Sie Anwendungen erstellen, die Daten basierend auf Benutzereingaben oder vorherigen Interaktionen abrufen können.

Integrieren wir GPT-4 mit einer einfachen SQLite-Datenbank, um benutzerspezifische Informationen abzurufen und personalisierte Antworten bereitzustellen.

```python
import sqlite3
import openai

# Set up OpenAI API key
openai.api_key = "YOUR_OPENAI_API_KEY"

# Initialize SQLite database
conn = sqlite3.connect('user_data.db')
cursor = conn.cursor()

# Create table if it doesn't exist
cursor.execute('''CREATE TABLE IF NOT EXISTS users
                  (id INTEGER PRIMARY KEY, name TEXT, favorite_color TEXT)''')

# Insert a sample user
cursor.execute("INSERT INTO users (name, favorite_color) VALUES ('Alice', 'blue')")
conn.commit()

def get_user_data(user_id):
    cursor.execute("SELECT * FROM users WHERE id=?", (user_id,))
    return cursor.fetchone()

def generate_personalized_response(user_id):
    user_data = get_user_data(user_id)
    if user_data:
        name, favorite_color = user_data[1], user_data[2]
        prompt = f"Generate a friendly response for {name} who loves the color
        response = openai.Completion.create(
            engine="gpt-4",
            prompt=prompt,
            max_tokens=100,
            temperature=0.7
        )
        return response.choices[0].text.strip()
    else:
        return "User not found."

# Example usage
user_id = 1
response = generate_personalized_response(user_id)
print(response)
```

Erläuterung:

- Wir speichern Benutzerdaten wie Name und Lieblingsfarbe in einer SQLite-Datenbank.
- GPT-4 generiert eine personalisierte Antwort basierend auf den aus der Datenbank abgerufenen Daten.

Best Practices für die Datenbankintegration:

- **Verwenden Sie parametrisierte Abfragen**: Verwenden Sie immer parametrisierte Abfragen, um SQL-Injection-Angriffe zu vermeiden.
- **Abfragen optimieren**: Stellen Sie sicher, dass die Abfragen hinsichtlich der Leistung optimiert sind, insbesondere wenn Sie mit großen Datensätzen arbeiten.
- **Daten sichern**: Sichern Sie die Datenbank regelmäßig, um Datenverlust zu vermeiden.

Echtzeit-Datenverarbeitung und dynamische Reaktionen

In vielen Anwendungen müssen Sie Echtzeitdaten verarbeiten und auf der Grundlage dieser Daten dynamische Antworten generieren. Dies ist besonders nützlich für Anwendungen wie Live-Chatbots, Lagerverfolgungssysteme oder Social-Media-Monitoring-Tools.

Beispiel: Echtzeit-Aktienkursabfrage

Verwenden wir die Alpha Vantage API, um Aktienkurse in Echtzeit abzurufen und sie in GPT-4 zu integrieren, um personalisierte Anlageberatung bereitzustellen.

```python
import requests
import openai

openai.api_key = "YOUR_OPENAI_API_KEY"

# Alpha Vantage API key and endpoint
stock_api_key = "YOUR_ALPHA_VANTAGE_API_KEY"
stock_url = "https://www.alphavantage.co/query"

def get_stock_price(symbol):
    params = {
        'function': 'TIME_SERIES_INTRADAY',
        'symbol': symbol,
        'interval': '5min',
        'apikey': stock_api_key
    }
    response = requests.get(stock_url, params=params)
    data = response.json()

    if 'Time Series (5min)' in data:
        latest_time = list(data['Time Series (5min)'].keys())[0]
        latest_data = data['Time Series (5min)'][latest_time]
        price = latest_data['4. close']
        return price
    else:
        return "Could not fetch stock data."

def generate_stock_advice(symbol):
    price = get_stock_price(symbol)
    prompt = f"The user asked for the stock price of {symbol}."

    response = openai.Completion.create(
        engine="gpt-4",
        prompt=prompt,
        max_tokens=150,
        temperature=0.7
    )

    return response.choices[0].text.strip()

# Example usage
stock_symbol = "AAPL"
advice = generate_stock_advice(stock_symbol)
print(advice)
```

Erläuterung :

- Wir rufen Aktienkurse in Echtzeit mithilfe der Alpha Vantage API ab.

- GPT-4 bietet dynamische Anlageberatung basierend auf dem aktuellen Aktienkurs.

Best Practices für Echtzeitdaten:

- **Latenz bewältigen** : Wenn Sie mit Echtzeitdaten arbeiten, stellen Sie sicher, dass Ihre Anwendung leichte Verzögerungen aufgrund von API-Aufrufen oder Datenverarbeitung bewältigen kann.

- **Stellen Sie die Datengenauigkeit sicher** : Echtzeitsysteme sind auf genaue Daten angewiesen. Überprüfen und bereinigen Sie eingehende Daten, bevor Sie sie verarbeiten.

- **Antworten schnell aktualisieren** : Stellen Sie bei Echtzeitinteraktionen sicher, dass die Antworten der KI schnell generiert werden, um den Benutzern zeitnah Informationen bereitzustellen.

Durch die Integration von APIs, Web Scraping-Techniken und Datenbanken von Drittanbietern in Ihre GPT-4-basierten Anwendungen können Sie dynamische, intelligente Systeme erstellen, die Echtzeitantworten auf der Grundlage aktueller Informationen bereitstellen. Durch sorgfältige Einrichtung und Optimierung können Sie sicherstellen, dass Ihre Anwendungen effizient ausgeführt und bei Bedarf skaliert werden.

Wichtige Erkenntnisse:

- APIs, Web Scraping und Datenbanken ermöglichen GPT-4 den Zugriff auf externe Datenquellen für personalisiertere, kontextrelevantere Antworten.

- Die Echtzeit-Datenverarbeitung verbessert die Interaktivität und Reaktionsfähigkeit von KI-Systemen.

- Durch die Befolgung bewährter Methoden für API-Integration, Web Scraping und Datenbankverwaltung wird eine zuverlässige und effiziente KI-Funktionalität gewährleistet.

Während Sie Ihre KI-Anwendungen weiterentwickeln und optimieren, können Sie ruhig mit verschiedenen Datenquellen und Integrationsmethoden experimentieren, um Ihre spezifischen Anforderungen zu erfüllen. Die Möglichkeiten sind grenzenlos!

Testen, Debuggen und Optimieren von GPT-4-basierten Apps

Einführung

Die Entwicklung von GPT-4-basierten Anwendungen umfasst mehr als nur das Schreiben von Code für einen API-Aufruf oder die Integration von Modellen für maschinelles Lernen. Sobald die Anwendung erstellt ist, ist es wichtig, sie gründlich zu testen, zu debuggen und zu optimieren, um eine hohe Leistung, Zuverlässigkeit und Skalierbarkeit sicherzustellen. In diesem Kapitel werden die Techniken und Best Practices zum Debuggen von KI-Chatbots und -Tools behandelt, um sicherzustellen, dass Ihre Anwendung effizient skaliert werden kann, und um sie hinsichtlich Geschwindigkeit, Kosten und Benutzerfreundlichkeit zu optimieren.

Da GPT-4-basierte Anwendungen immer fortschrittlicher werden, stehen Entwickler vor neuen Herausforderungen, die durchdachte Debugging- und

Optimierungsstrategien erfordern. KI-Systeme weisen oft komplexe, dynamische Verhaltensweisen auf, was bedeutet, dass typische Debugging-Tools und -Ansätze möglicherweise angepasst werden müssen. Dieses Kapitel hilft Ihnen, die wichtigsten Konzepte des Debuggens von KI-gestützten Apps zu verstehen, bietet praktische Beispiele und skizziert Methoden zur Optimierung von Anwendungen hinsichtlich Geschwindigkeit, Kosten und Benutzerfreundlichkeit.

Wichtige Konzepte

Bevor wir uns mit bestimmten Techniken befassen, definieren wir einige Schlüsselbegriffe und -konzepte, die für das Debuggen und Optimieren KI-gesteuerter Anwendungen von entscheidender Bedeutung sind:

1. **Debugging** : Der Prozess zum Identifizieren und Beheben von Fehlern oder Bugs in Ihrem Code. Das Debuggen ist entscheidend, um sicherzustellen, dass Ihre GPT-4-Anwendung wie erwartet funktioniert und nicht abstürzt oder sich unvorhersehbar verhält.

2. **Skalierbarkeit** : Bezieht sich auf die Fähigkeit einer Anwendung, zunehmende Lasten oder Datenverkehr ohne Leistungseinbußen zu bewältigen. Skalierbarkeit ist besonders wichtig für KI-Anwendungen, bei denen es zu variablen Nutzungsmustern kommen kann.

3. **Zuverlässigkeit** : Die Fähigkeit Ihrer Anwendung, ihre beabsichtigten Funktionen über einen längeren Zeitraum hinweg konsistent und fehlerfrei auszuführen. Eine zuverlässige Anwendung kann Randfälle, Ausnahmen und unerwartete Eingaben problemlos verarbeiten.

4. **Optimierung** : Der Prozess, Ihre Anwendung schneller, effizienter und kostengünstiger zu machen. Im Kontext von GPT-4-basierten Anwendungen umfasst die Optimierung die Reduzierung der

Verarbeitungszeit, die Minimierung der API-Aufrufkosten und die Verbesserung der Benutzererfahrung.

5. **Benutzererfahrung (UX)** : Die allgemeine Erfahrung, die ein Benutzer bei der Interaktion mit Ihrer Anwendung macht, einschließlich Benutzerfreundlichkeit, Geschwindigkeit und Reaktion der KI auf Benutzeranfragen. Eine gute Benutzererfahrung ist entscheidend für den Erfolg von KI-Chatbots und anderen Konversationstools.

Techniken zum Debuggen von KI-Chatbots und -Tools

KI-Systeme, darunter Chatbots auf GPT-4-Basis, können aufgrund ihrer Abhängigkeit von komplexen Modellen des maschinellen Lernens unvorhersehbares Verhalten zeigen. Das Debuggen solcher Systeme erfordert eine Mischung aus traditionellen Software-Debugging-Techniken und speziellen Ansätzen für KI-spezifische Probleme.

Schritt 1: Identifizieren Sie die Ursache des Problems

Wenn Sie GPT-4-basierte Anwendungen debuggen, müssen Sie zunächst ermitteln, wo das Problem seinen Ursprung hat. Zu den häufigsten Bereichen, die möglicherweise debuggt werden müssen, gehören:

- **Probleme bei der API-Integration** : Die Anwendung kann möglicherweise aufgrund falscher API-Schlüssel, falscher Endpunktkonfigurationen oder Probleme mit der Ratenbegrenzung nicht mit der GPT-4-API interagieren.

- **Prompt Engineering** : Wenn die Antworten des Modells ungenau oder irrelevant sind, kann dies daran liegen, dass der Prompt schlecht konzipiert ist.

- **Datenprobleme** : Die Leistung von GPT-4 hängt stark von der Qualität der eingespeisten Daten ab. Wenn die Antworten Ihres

Chatbots unsinnig oder irrelevant sind, liegt das Problem möglicherweise an den verwendeten Datenquellen.

Beispiel: Debuggen von GPT-4-API-Aufrufen

Nehmen wir an, Sie haben einen KI-Chatbot, der GPT-4 verwendet, um auf Benutzeranfragen zu antworten. Wenn der Bot fehlerhafte Antworten zurückgibt, müssen Sie das Setup des API-Aufrufs überprüfen. Unten finden Sie ein Beispiel, wie Sie den API-Aufruf debuggen können.

```python
import openai
import logging

# Set up OpenAI API key
openai.api_key = 'YOUR_OPENAI_API_KEY'

# Enable Logging
logging.basicConfig(level=logging.DEBUG)

def debug_api_call(prompt):
    try:
        logging.debug(f"Sending prompt to GPT-4: {prompt}")
        response = openai.Completion.create(
            engine="gpt-4",
            prompt=prompt,
            max_tokens=150,
            temperature=0.7
        )
        return response.choices[0].text.strip()
    except openai.error.OpenAIError as e:
        logging.error(f"API error occurred: {e}")
        return "An error occurred while processing your request."

# Test the function
response = debug_api_call("What's the weather like in Paris?")
print(response)
```

↓

Erläuterung :

- Dieser Codeausschnitt fügt eine Protokollierung hinzu, um den API-Aufruf und die API-Antwort zu überwachen.

- Wenn die Antwort unerwartet ist, können Sie das Protokoll überprüfen, um festzustellen, ob das Problem beim API-Aufruf oder an der Art und Weise der Datenverarbeitung liegt.

Best Practices zum Debuggen von KI-Apps:

- **Protokollieren und überwachen** : Protokollieren Sie API-Aufrufe und -Antworten in verschiedenen Phasen. Dies kann Ihnen dabei helfen, das Problem zu verfolgen, wenn etwas schief geht.

- **Verwenden Sie KI-spezifische Debugging-Tools** : OpenAI bietet eine Vielzahl von Fehlercodes und Protokollen, die Ihnen helfen können, API-Fehler zu verstehen und Probleme einzugrenzen.

- **Testen Sie auf Randfälle** : Stellen Sie sicher, dass Sie Ihre Anwendung mit verschiedenen Randfällen testen, z. B. mehrdeutigen Benutzereingaben, unerwarteten Abfragen oder Anforderungen, die lange Antwortzeiten erfordern.

Sicherstellung von Skalierbarkeit und Zuverlässigkeit

Damit GPT-4-basierte Anwendungen in Produktionsumgebungen nützlich sind, müssen sie skalierbar und zuverlässig sein. In diesem Abschnitt geht es darum, sicherzustellen, dass Ihre Anwendung mit unterschiedlichen Lasten zurechtkommt, unter Belastung ordnungsgemäß funktioniert und im Laufe der Zeit stabil bleibt.

Schritt 1: Implementierung des Lastenausgleichs

Bei der Skalierbarkeit geht es darum, sicherzustellen, dass Ihre Anwendung eine große Anzahl von Benutzern gleichzeitig verarbeiten kann. Eine wichtige Technik zum Erreichen der Skalierbarkeit ist der Lastenausgleich, bei dem eingehende Anfragen auf mehrere Server oder Ressourcen verteilt werden.

Wenn Ihre Anwendung stark auf GPT-4-API-Aufrufe angewiesen ist, sollten Sie die folgenden Ansätze in Betracht ziehen:

- **Ratenbegrenzung** : Stellen Sie sicher, dass Ihre Anwendung API-Ratenbegrenzungen problemlos handhabt. Verwenden Sie Wiederholungslogik und exponentielles Backoff, wenn die Ratenbegrenzung erreicht ist.

- **Verteilte Server** : Stellen Sie Ihre Anwendung auf mehreren Servern bereit, um die Last zu verteilen.

- **Caching** : Zwischenspeichern Sie häufige Antworten, um die Anzahl der API-Aufrufe zu reduzieren. Antworten auf häufige Abfragen wie „Wie ist das Wetter?" können beispielsweise für einen kurzen Zeitraum zwischengespeichert werden, um redundante API-Aufrufe zu vermeiden.

Beispiel: Implementieren von Caching für häufige Abfragen

Um die API-Nutzung zu optimieren und Kosten zu senken, können Sie ein Caching für häufig gestellte Fragen implementieren.

```python
import time
import openai
import hashlib
from cachetools import import TTLCache

# Set up OpenAI API key
openai.api_key = 'YOUR_OPENAI_API_KEY'

# Initialize a cache with a TTL of 60 seconds
cache = TTLCache(maxsize=100, ttl=60)

def get_cached_response(prompt):
    prompt_hash = hashlib.sha256(prompt.encode()).hexdigest()

    if prompt_hash in cache:
        return cache[prompt_hash]

    response = openai.Completion.create(
        engine="gpt-4",
        prompt=prompt,

    response = openai.Completion.create(
        engine="gpt-4",
        prompt=prompt,
        max_tokens=150,
        temperature=0.7
    )
    answer = response.choices[0].text.strip()

    # Cache the response
    cache[prompt_hash] = answer
    return answer

# Example usage
prompt = "What's the weather like in New York?"
response = get_cached_response(prompt)
print(response)
```

Erläuterung :

- Dieser Code implementiert einen Caching-Mechanismus zum Speichern der Antworten für häufige Eingabeaufforderungen.

- Der TTLCache aus der Cachetools-Bibliothek speichert Antworten 60 Sekunden lang im Cache, wodurch die Notwendigkeit wiederholter API-Aufrufe für dieselbe Abfrage reduziert wird.

Best Practices für Skalierbarkeit:

- **Horizontale Skalierung** : Erwägen Sie eine horizontale Skalierung Ihrer Infrastruktur, indem Sie bei zunehmendem Datenverkehr weitere Instanzen Ihrer Anwendung hinzufügen.

- **Verwenden Sie Cloud-Dienste** : Cloud-Plattformen wie AWS, Google Cloud und Azure bieten einfache Skalierungs- und Lastausgleichsoptionen für die Bewältigung schwankender Anforderungen.

- **Datenbankaufrufe optimieren** : Reduzieren Sie unnötige Datenbankabfragen, indem Sie wichtige Felder indizieren und häufig abgerufene Daten zwischenspeichern.

Schritt 2: Zuverlässigkeit durch Fehlertoleranz sicherstellen

Zuverlässigkeit bedeutet, dass Ihre Anwendung auch dann weiter funktioniert, wenn Teile davon ausfallen. Dies ist besonders wichtig für KI-gestützte Anwendungen, da diese von externen Diensten abhängen, die gelegentlich ausfallen können.

- **Anmutige Degradierung** : Entwerfen Sie Ihre App so, dass sie anmutig degradiert wird, wenn die GPT-4-API vorübergehend nicht verfügbar ist. Anstatt abzustürzen, sollte die Anwendung den Benutzer darüber informieren, dass der Dienst ausgefallen ist, und wenn möglich Alternativen anbieten.

- **Daten sichern** : Sichern Sie regelmäßig Benutzerdaten, Protokolle und andere wichtige Informationen, um sicherzustellen, dass Sie nach Fehlern eine schnelle Wiederherstellung durchführen können.

Beispiel: API-Fehler ordnungsgemäß behandeln

```python
import openai
import time

openai.api_key = 'YOUR_OPENAI_API_KEY'

def get_gpt_response(prompt):
    try:
        response = openai.Completion.create(
            engine="gpt-4",
            prompt=prompt,
            max_tokens=150,
            temperature=0.7
        )
        return response.choices[0].text.strip()
    except openai.error.OpenAIError:
        return "Sorry, the service is temporarily unavailable. Please try again later."

# Example usage
prompt = "What is the capital of Japan?"
response = get_gpt_response(prompt)
print(response)
```

Erläuterung :

- Dieses Beispiel zeigt, wie API-Fehler behandelt und Benutzer informiert werden, wenn der Dienst ausgefallen ist.

- Die Funktion versucht die Anforderung erneut, gibt aber eine Fallback-Meldung aus, wenn der Fehler weiterhin besteht.

Best Practices für Zuverlässigkeit:

- **Implementieren Sie eine Wiederholungslogik** : Verwenden Sie Wiederholungsstrategien wie exponentielles Backoff, um vorübergehende Fehler reibungslos zu verarbeiten.

- **Überwachen Sie die Anwendung** : Richten Sie Überwachungstools ein, um den Zustand der Anwendung und ihrer Abhängigkeiten in Echtzeit zu verfolgen.

- **Testen Sie Fehler** : Testen Sie regelmäßig Fehlerszenarien, um sicherzustellen, dass Ihre Anwendung diese effektiv bewältigen kann.

Optimierung für Geschwindigkeit, Kosten und Benutzererfahrung

Bei der Optimierung von GPT-4-basierten Anwendungen müssen Kompromisse zwischen Geschwindigkeit, Kosten und Benutzererfahrung eingegangen werden. Sie möchten zwar, dass Ihre Anwendung schnell und reaktionsfähig ist, müssen aber auch die Kosten im Griff behalten, da häufige API-Aufrufe schnell teuer werden können.

Schritt 1: Latenz reduzieren

Die Geschwindigkeit Ihrer Anwendung ist für das Benutzererlebnis entscheidend. Latenz bezeichnet die Verzögerung zwischen dem Senden einer Anfrage und dem Empfangen einer Antwort. Bei der Optimierung der Latenz geht es darum, die Zeit zu verkürzen, die Ihre Anwendung zum Verarbeiten einer Benutzeranfrage benötigt.

- **Verwenden Sie effiziente Eingabeaufforderungen** : Das Senden übermäßig komplexer oder ausführlicher Eingabeaufforderungen kann die Verarbeitungszeit verlängern. Achten Sie darauf, dass die Eingabeaufforderungen kurz und klar sind.

- **Anfragen parallelisieren** : Wenn Ihre Anwendung mehrere GPT-4-Aufrufe erfordert (z. B. zum Abrufen von Daten von mehreren APIs), sollten Sie die Anfragen parallelisieren, um die Wartezeit zu verkürzen.

Schritt 2: Kosten verwalten

Die Nutzung der GPT-4-API kann kostspielig sein, insbesondere wenn Ihre Anwendung eine große Anzahl von Abfragen umfasst. Hier sind einige Strategien zur Kostenoptimierung:

- **Token-Nutzung optimieren** : Reduzieren Sie die Anzahl der Token in Ihren Eingabeaufforderungen und Antworten, um die Kosten pro API-Aufruf zu minimieren.

- **Stapelverarbeitung** : Für bestimmte Anwendungen können Sie mehrere Anfragen in einem Stapel verarbeiten, um Kosten zu sparen.

Beispiel: Kostenoptimierung durch Token-Limits

```python
import openai

openai.api_key = 'YOUR_OPENAI_API_KEY'

def generate_optimized_response(prompt):
    response = openai.Completion.create(
        engine="gpt-4",
        prompt=prompt,
        max_tokens=100,  # Limit the response to 100 tokens
        temperature=0.7
    )
    return response.choices[0].text.strip()

# Example usage
prompt = "Tell me about the Eiffel Tower."
response = generate_optimized_response(prompt)
print(response)
```

↓

Erläuterung :

- Dieses Beispiel zeigt, wie Sie durch die Begrenzung der Token-Anzahl in Ihrer Antwort die Kosten jedes API-Aufrufs senken können.

- Achten Sie auf die Balance zwischen Kürze und Aussagekraft.

Best Practices zur Optimierung:

- **API-Aufrufe optimieren** : Führen Sie nur die erforderlichen API-Aufrufe durch und vermeiden Sie Redundanz.

- **Leistungsprofil** : Verwenden Sie Profilierungstools, um zu messen, wie lange Ihre Anwendung braucht, um auf Benutzer zu reagieren, und um Engpässe zu identifizieren.

- **Benutzerzentriertes Design** : Priorisieren Sie das Benutzererlebnis, indem Sie sicherstellen, dass die Anwendung schnell und einfach zu verwenden ist.

Abschluss

Das Testen, Debuggen und Optimieren von GPT-4-basierten Anwendungen sind entscheidende Schritte, um sicherzustellen, dass Ihre App effizient funktioniert, skalierbar ist und ein positives Benutzererlebnis bietet. Durch den Einsatz effektiver Debugging-Techniken, die Optimierung von Leistung und Kosten sowie die Gewährleistung von Skalierbarkeit und Zuverlässigkeit können Sie robuste KI-gestützte Tools erstellen, die die Benutzererwartungen erfüllen und mit dem Wachstum Ihrer Anwendung skalierbar sind.